Grundschule

Sabrina Hinrichs

Ritter & Burgen an Stationen

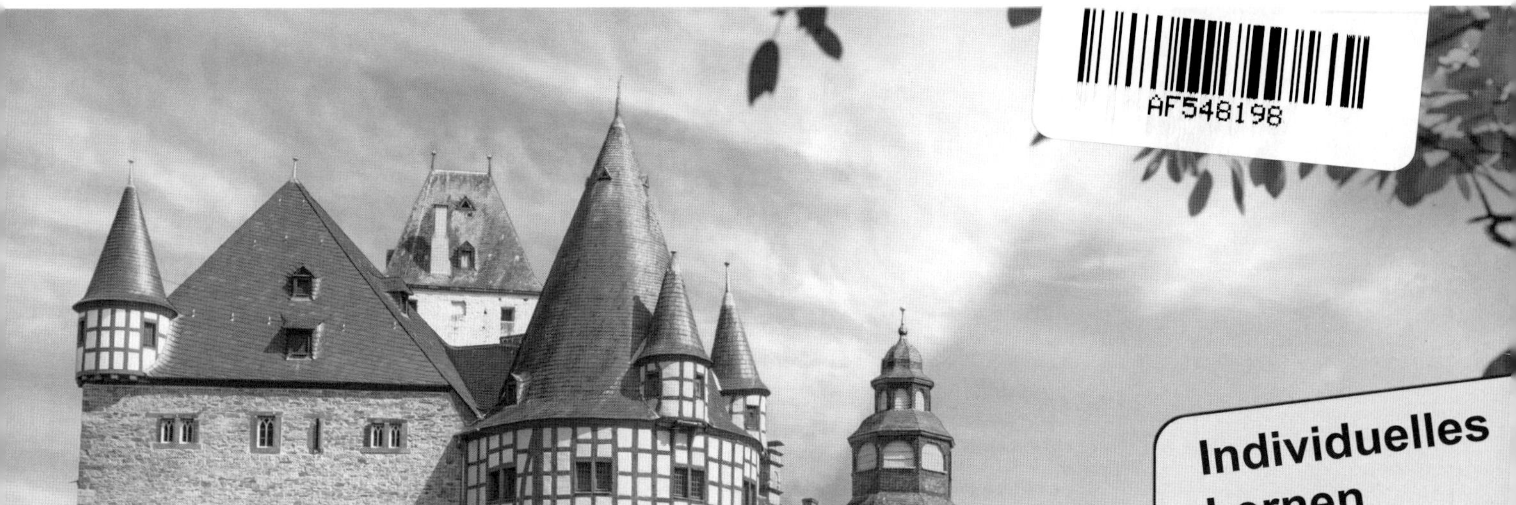

Individuelles Lernen

Differenzierend

Motivierend

1 2 3

- Übersichtliche Aufgabenkarten
- Schnelle Vorbereitung
- Mit Lösungen zur Selbstkontrolle

www.kohlverlag.de

Ritter & Burgen an Stationen

1. Auflage 2023

Inhalt: Sabrina Hinrichs
Coverbild: © Freesurf - AdobeStock.com
Redaktion: Kohl-Verlag
Grafik & Satz: Simone Demler & Kohl-Verlag
Druck: Druckhaus Flock, Köln

Bestell-Nr. 12 890

ISBN: 978-3-98558-298-3

Bildquellen © AdobeStock.com

S. 5+6: © Pjorg, Oleksandr Pokusai; S. 7+8: © VectorMine_neu, Peter Hermes Furian; S. 9: © Polifoto, Agustin, Uwe Graf, pwmotion, Daniel, Rolf, Piotr Krzeslak; S. 10: © Polifoto, Agustin, Uwe Graf., pwmotion, Daniel, Rolf, Piotr Krzeslak; S. 12: © ~ Bitter ~; S. 14: © eyecat, alex_cardo; S. 15: © lunamarina, Jürgen Wackenhut, Voyagerix, Creative Cat Studio, scaliger, AlexMastro, didier salou; S. 16: © lunamarina, Jürgen Wackenhut, Voyagerix, Creative Cat Studio, scaliger, AlexMastro, didier salou; S. 17: © ecstk22, ThomasLENNE, Joe, Khaled El-Adawi, trofotodesign, S. 18: © sborisov, Mistervlad, Sławomir Fajer, tiero, lukjonis, Heiko Zahn; S. 19: © Robert Biedermann, S. 20: © Robert Biedermann, S. 21: © MehmetOZB, sunilpurushe, maramis, Angiolo; S. 22: © AlexAnton, demerzel21, HandmadePictures, Lapping Pictures, S. 23: © heavypong; S. 24: © heavypong; S. 25: © Jürgen Reitz, Oquio, ebenart, Patryk Kosmider, Pond Thananat, AlexAnton; S. 26: © Jürgen Reitz, Oquio, ebenart, Patryk Kosmider, Pond Thananat, AlexAnton; S. 27: © Karoline; S. 28: © Karoline; S. 29: © Nilima; S. 30: © Nilima; S. 31: © Klaus Nowottnick, flyfisher, ArTo, Fotokon; S. 32: © Klaus Nowottnick, flyfisher, ArTo, EdNurg, agumus, Fotokon; S. 33: © Klara Viskova, S. 34: © Klara Viskova; S. 35: © Mark Stay; S. 36: © PCH.Vector, Mark Stay; S. 37: © GraphicsRF, S. 38: © Klara Viskova, ArvaCsaba; S. 39: © Unclesam; S. 40: © pit3dd; S. 41: © Good Studio.ai; S. 42: © Klara Viskova; Cattallina, Robert Kneschke; S. 43: © Zdenk, Mr_Vector; S. 44: © Klara Viskova, t.karnash, honeyflavour, Mr_Vector; S. 45+46: © Klara Viskova, franciscojose, Oleksandr Panasovsky, Will Thomas, PIKSL; S. 47: © naddya, BNP Design Studio, kontur-vid, 2dmolier, Andrey Kuzmin, prapann; S. 48: © naddya, Klara Viskova, BNP Design Studio, kontur-vid, 2dmolier, Andrey Kuzmin, prapann; S. 49: © designer_an, jan stopka; S. 50: © Klara Viskova, S. 51: © bsd studio, Dennis Cox, paradoxu; S. 52: © Klara Viskova, S. 53: © Klara Viskova, Macrovector; S. 54: © Klara Viskova, S. 55: © ronnarid_PA; S. 57: © efengai; S. 58: © efengai; S. 59: © AI; S. 60: © Scriblr, RELAXVIEWTV; S. 61: © ronnarid_GA; S. 62: © konstantant, Nataliya; S. 63: © GiorgioMorara; S. 64: © GiorgioMorara; S. 65+66: © ii-graphics, comondear; S. 67: © KurArt; S. 68: © FrankBoston, lembergvector; S. 69+70: © BNP Design Studio, Oleksandra;

Inhalt und Übersicht über die Stationen

Ritter und Burgen an Stationen – Bestell-Nr. 12 890

Einsatz der Materialien

Liebe Kolleginnen und Kollegen,

Ritter und mittelalterliche Burgen faszinieren bereits kleine Kinder. Die verschiedenen Stationskarten in diesem Buch sollen dieses Interesse aufgreifen, die SchülerInnen in längst vergangene Zeiten mitnehmen und das Mittelalter für die Kinder lebendig werden lassen. Dabei erzählt auf den Stationskarten 11 bis 17 Ritter Roland von seinem Leben. Auf den letzten Seiten dieses Buches finden Sie eine Lernzielkontrolle, die ausschließlich erlerntes Wissen von Stationskarten des grundlegenden Niveaus abprüft und somit für alle Schülerinnen und Schüler geeignet ist. Um die Aufgaben der Lernzielkontrolle erfolgreich bearbeiten zu können, müssen die Stationskarten mit den Nummern 2, 3, 4, 16, 18, 20 und 23 bearbeitet worden sein.

Stationen:
Die einzelnen Stationskarten haben einen gleichen Aufbau. Links oben finden Sie direkt neben der Stationsnummer das Thema der Stationskarte, während rechts die Angabe der jeweiligen Niveaustufe steht. Die Themen können nacheinander oder in einer beliebigen Reihenfolge behandelt werden. Auch das Auslassen einzelner Stationskarten ist möglich. Jede Stationskarte ist in sich schlüssig, bedarf keiner weiteren Vorbereitung und kann von den SchülerInn selbstständig bearbeitet werden. Auf jeder Stationskarte befinden sich Aufgaben zur Festigung und Vertiefung des gerade erlernten Wissens. Möglich und sinnvoll ist, nicht alle Stationskarten auf einmal anzubieten. An einzelnen (Gruppen-)tischen könnten beispielsweise pro Unterrichtsstunde nur sechs verschiedene Stationskarten ausgelegt werden, die in den darauffolgenden Stunden durch andere sechs Karten ausgetauscht werden.

Differenzierung der Aufgaben:
Innerhalb der Bereiche gibt es drei Schwierigkeitsstufen zur Differenzierung.

⊙ = grundlegendes Niveau

! = mittleres Niveau

✶ = erweitertes Niveau

Die Aufgaben zum grundlegenden Niveau sollen von allen Schülern bearbeitet werden. Dagegen bieten die Aufgaben mit mittlerem Niveau Erweiterungen und höhere Anforderungen. Das erweiterte Niveau beinhaltet sogenannte Expertenaufgaben. Inhalte werden dabei vertieft und weitergeführt. Je nach Leistungsstand Ihrer Lerngruppe können Sie problemlos Stationen mit einer anderen Schwierigkeitsstufe kennzeichnen.

Lösungen:

Jede Stationskarte verfügt über Aufgaben und Fragestellungen. Dabei handelt es sich um Fragen zum Textverständnis, um kreative Arbeitsaufträge oder Rätsel. Die Kinder können die Aufgaben manchmal auf der jeweiligen Stationskarte lösen. Für die Bearbeitung einiger Aufgaben wird jedoch ein leeres Heft oder ein Zettel benötigt, worauf die Antworten notiert werden können. Manchmal werden die Schülerinnen und Schüler dazu aufgefordert, in einem Buch oder auf einer Internetseite zu recherchieren.

Auf der Rückseite jeder Stationskarte finden Sie die Lösungen. Die Antworten können somit auch im Rahmen des Stationenbetriebs selbstständig von den Schülerinnen und Schülern korrigiert werden. Wurde eine Stationskarte vollständig bearbeitet, so wird dies auf dem Zeitreisepass von der Lehrkraft oder selbstständig von den SchülerInnen abgestempelt. Zusätzlich zu den Stationskarten benötigen Sie demnach Stempel und Stempelkissen.

Eine spannende Zeitreise ins Mittelalter mit lehrreichen Pausen an den einzelnen Stationen wünschen Ihnen das Redaktionsteam des Kohlverlags und

Sabrina Hinrichs

Aufgrund der besseren Lesbarkeit wird im Folgenden die männliche Form Schüler bzw. Lehrer verwendet. Gemeint sind damit jedoch sowohl die weiblichen, als auch die männlichen Personen.

Zeitreisepass

Zeitreisepass von: ______________________________

⦿ Grundlegendes Niveau

Stationsnr.	Thema der Station	Stempel

Ritter und Burgen an Stationen – Bestell-Nr. 12 890

Zeitreisepass

Zeitreisepass von: ______________________________

! Mittleres Niveau

Stationsnr.	Thema der Station	Stempel

✶ Erweitertes Niveau

Stationsnr.	Thema der Station	Stempel

BURGEN

1a Römische Festung

Bereits während des **Römischen Reiches** – das heißt schon lange vor Beginn des Mittelalters – wurden **Burgen** gebaut. Damals weitete sich das Römische Reich von Rom ausgehend über den gesamten Mittelmeerraum aus. Auch Gebiete, die zum heutigen Deutschland gehören, wurden damals von den Römern besetzt. In den eroberten Gebieten wurden oftmals Festungen gebaut, in denen die Legionäre (so wurden die römischen Soldaten genannt) sicher wohnen konnten. Die Befestigungsanlagen waren rechteckig, von Steinmauern umgeben und hatten an jeder Seite Eingangstore.

Aufgabe: *Auf der Karte ist die Größe des Römischen Reiches dargestellt. Welche heutigen Länder gehörten damals zum Römischen Reich? Du darfst einen Atlas zur Hilfe nehmen.*

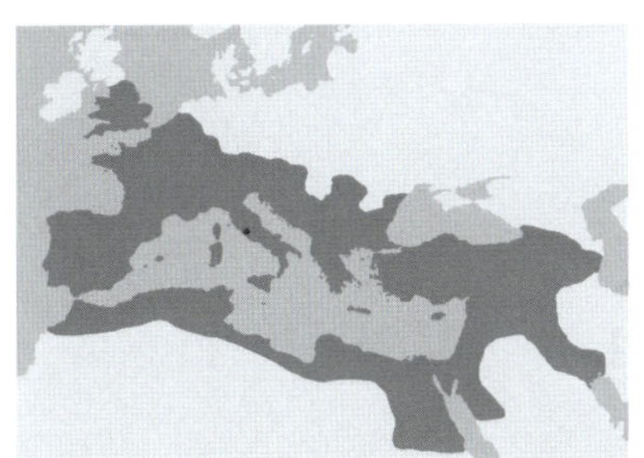

BURGEN

1b Motte

Die ersten Burgen hatten mit den beeindruckenden mittelalterlichen Burgen wenig gemeinsam. Sie wurden **Motte** genannt, waren aus Holz und wurden auf und vor einem Hügel angelegt. Auf dem Hügel befand sich ein Turm aus Holz, das Hauptgebäude. Vor dem Hügel lag ein Burghof, der von einem Zaun umgeben war. Hier lebten Bauern, Handwerker und Soldaten. Bei Angriffen brachten sie sich im Turm auf dem Hügel in Sicherheit.

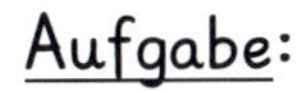

Aufgabe:

Ordne die folgenden Begriffe richtig zu:

Turm, Palisadenzaun, Zugbrücke, Kuhstall, Werkstatt, Eingangstor, Wassergraben

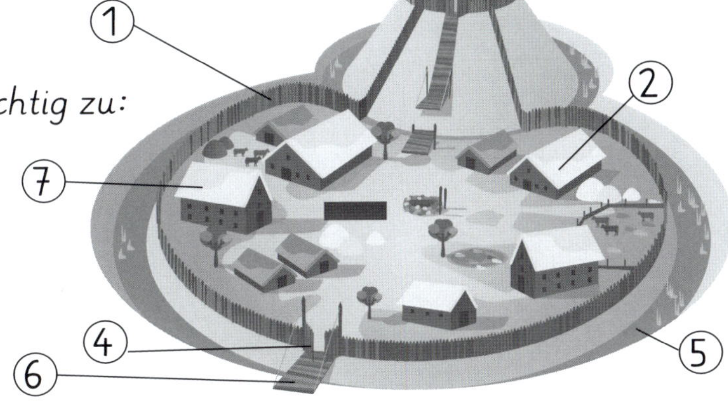

Ritter und Burgen an Stationen – Bestell-Nr. 12 890

KOHL VERLAG

Lösung

1a Römische Festung

Aufgabe:

Diese Länder gehörten vollständig oder teilweise zum Römischen Reich:

Italien, San Marino, Vatikan, Frankreich, Spanien, Portugal, England, Tunesien, Algerien, Marokko, Ägypten, Slowenien, Kroatien, Serbien, Montenegro, Ungarn, Mazedonien, Bosnien-Herzegowina, Griechenland, Bulgarien, Rumänien, Türkei, Syrien, Libanon, Israel, Deutschland, Ukraine

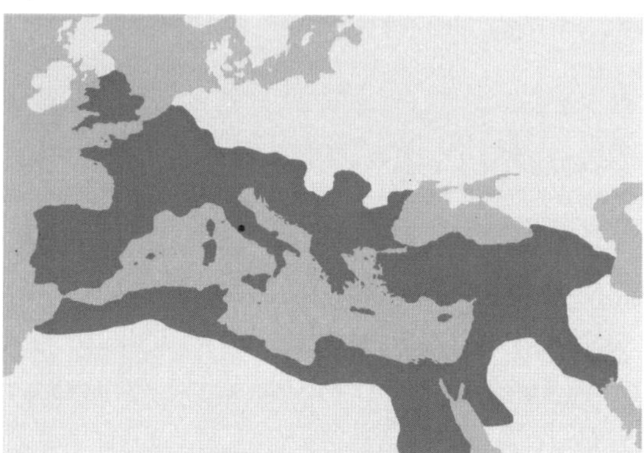

Lösung

1b Motte

Aufgabe:

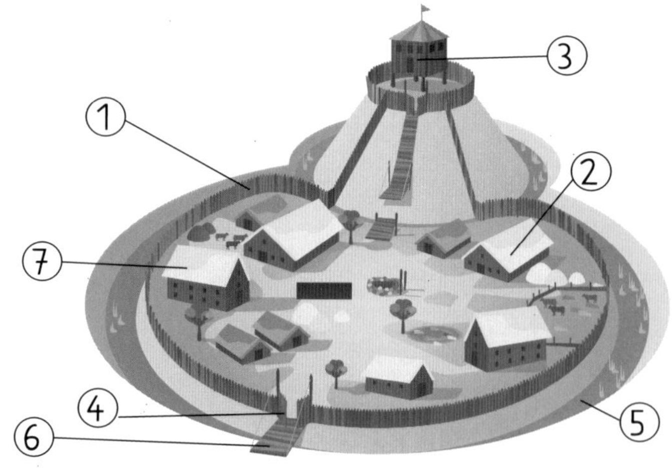

1. Palisadenzaun
2. Kuhstall
3. Turm
4. Eingangstor
5. Wassergraben
6. Zugbrücke
7. Werkstatt

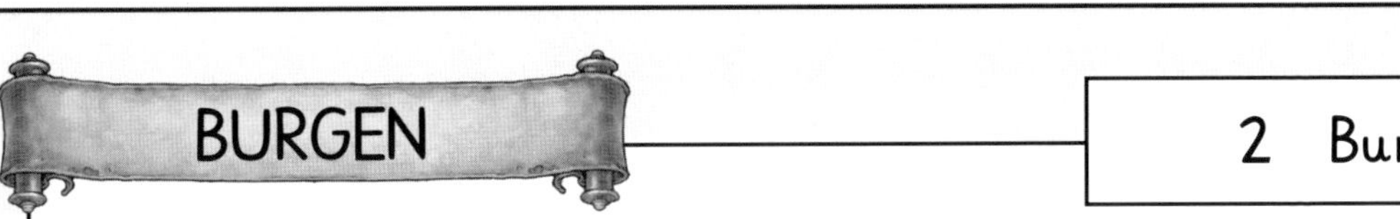

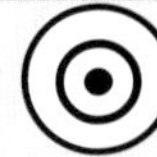

2 Burgtypen

Burg ist nicht gleich Burg! In der Tat waren die Burgen sogar sehr verschieden. Folgende **Burgtypen** lassen sich unterscheiden.

a) **Höhenburg:** Durch die Höhenlage waren Höhenburgen überall im Umkreis zu sehen. Außerdem konnte man von der Burg aus das Umland gut überblicken. Je steiler der Fels, desto besser war der Schutz vor Angreifern. Höhenburgen wurden – je nach genauer Lage – auch Gipfelburg, Hangburg oder Spornburg (auf einem Bergsporn unterhalb des Gipfels gelegen) genannt.

b) **Wasserburg:** Wasserburgen waren allseits von Wasser umgeben. Bei hochgezogener Zugbrucke waren Wasserburgen somit gut vor Angreifern geschützt.

c) **Sternfestung:** Die Sternform bot gute Verteidigungsmöglichkeiten, da von den Spitzen in alle Richtungen geschossen werden konnte.

d) **Konzentrische Burg:** Doppelt hält besser! Eine höhere Innenmauer und eine niedrigere Außenmauer boten zusätzlichen Schutz vor Angriffen.

e) **Stadtburg:** So werden Burgen genannt, die in oder in der Nähe einer Stadt errichtet wurden und meistens den Herrschaftssitz eines Stadtherrn darstellten.

f) **Pfalzen und Reichsburgen:** Könige und Kaiser hatten während des Mittelalters keinen festen Wohnsitz, sondern reisten zwischen den Pfalzen und Reichsburgen hin und her. Diese boten Wohnräume, eine Kapelle, Stallungen und Versammlungsräume.

g) **Märchenschloss:** Prachtvolle Schlösser sollten Reichtum demonstrieren und wurden nicht zur Verteidigung gebaut.

Aufgabe: *Ordne den Burgtypen jeweils ein passendes Bild zu. Trage dazu den Buchstaben in den kleinen weißen Kreis des Bildes ein.*

Lösung

2 Burgtypen

Aufgabe:

3 Aufbau einer mittelalterlichen Burg

Obwohl die Burgen oftmals sehr unterschiedlich waren, hatten sie einiges gemeinsam.

Mauern mit Wehrgängen: Der Wehrgang verläuft hinter der Mauer. Oftmals gibt es Schießscharten und Zinnen.

Burgtor: Das Burgtor stellt den Eingang zur Burg da und ist oft mit einem Fallgitter und einer Zugbrücke gesichert.

Bergfried: Der höchste Turm der Burg

Palas: Das Wohnhaus der Burgherrenfamilie besteht aus einem Saal, einem Speisezimmer, einer Kemenate (Kaminzimmer) und weiteren Wohn- und Schlafräumen.

Küche: Gekocht wurde oft aus Brandschutzgründen in einem separaten Gebäude.

Backofen: Gebacken wurde oft draußen im Hof.

Brunnen: Frisches Wasser wurde aus einem Brunnen im Hof geschöpft.

Vorburg: Dort befinden sich Werkstätten, Gesindehäuser, Ställe und der Burggarten.

Aufgabe: *Male eine Burg, die alle genannten Burgteile beinhaltet. Vergleicht eure Bilder.*

Lösung

3 Aufbau einer mittelalterlichen Burg

<u>Aufgabe</u>: Individuelle Lösung

Folgende Merkmale sollen auf dem Bild zu sehen sein:
Mauern mit Wehrgängen, Zinnen und Schießscharten, Burgtor mit Fallgitter und Zugbrücke, Bergfried (Turm), Palas (Wohnhaus), Küche, Backofen im Hof, Brunnen, Vorburg mit Werkstätten, Gesindehäusern, Ställen und Burggarten.
Bei der Beispielzeichnug fehlt die Vorburg.

4 Burgenbau

Der Bau einer Burg dauerte fünf bis zehn Jahre. Daran waren – je nach Größe der Burg – Hunderte von Menschen beteiligt. Auch die Leibeigenen des Burgherrn wurden zur Mithilfe verpflichtet. Die Mitarbeit war also nicht für alle freiwillig. Verschiedene Berufsgruppen leisteten dabei einen Beitrag. Zunächst suchte der Baumeister einen Bauplatz, plante die Form und die Größe der Burg und berechnete das notwendige Material und Personal. Für die Helfer wurden Wohnhütten in Bauplatznähe errichtet. Erd- und Steinarbeiter bereiteten den Baugrund vor und ebneten diesen ein. Außerdem legten sie Gräben und Brunnen an und festigten sumpfige Böden. Die Steinbrecher schlugen im Steinbruch Steine aus dem Fels. Diese wurden von den Steinmetzen noch direkt im Steinbruch mit Hammer und Meißel in Form gebracht. Steinmetze galten als Spezialisten und wurden gut bezahlt. Sie markierten die gemeißelten Steine mit einem Steinmetzzeichen. Mit Sägen, Äxten und Bohrern verarbeiteten Zimmermänner Holz zu Hütten, Gerüsten und Dachstühlen. Schmiede stellten Werkzeuge und Nägel her und reparierten abgenutztes Werkzeug. Auch Korbmacher wurden für den Burgenbau gebraucht, da Material in geflochtenen Körben transportiert wurde. Ebenso wurden Seile und Schnüre, die vom Seiler angefertigt wurden, auf der Baustelle gebraucht. Dachziegel wurden aus Lehm von den Zieglern im Brennofen hergestellt. Damit errichteten die Maurer mit Kelle und Mörtel zwei Mauern nebeneinander. Wenn diese ca. einen Meter hoch geworden waren, wurde der Zwischenraum mit Steinen, Mörtel und Erde gefüllt. Die so entstandene Außenmauer der Burg war oft drei bis vier Meter dick. Nach oben wurde die Burgmauer immer schmaler und endete schließlich mit einer Zinnenmauer. Die Außenmauern waren mindestens sieben Meter hoch. Waren diese fertiggestellt, ging es mit dem Bau der Türme und Wohngebäude weiter. Mit Hilfe von Treträdern, Flaschenzügen und Winden wurde Baumaterial nach oben geschafft. Dachdecker deckten den Dachstuhl mit Stroh, Schilf, Tonziegeln, Schiefer- oder Bleiplatten ein. Um die Mauern gegen Wind und Wetter zu schützen, wurden diese von Malern verputzt und angestrichen.

Aufgabe: *„Wer will fleißige Handwerker seh'n, ja, der muss zur Burgbaustelle geh'n". Welche Handwerker werden wann gebraucht? Trage die unterstrichenen Namen der Helfer passend in die Tabelle ein. Achte in der 2. Spalte auf die richtige Reihenfolge.*

Vorarbeit	Bauprozess

Ritter und Burgen an Stationen – Bestell-Nr. 12 890

Lösung

4 Burgenbau

Aufgabe:

Vorarbeit	Bauprozess
Bau**mei**ster	Mau**rer**
Erd- und Stein**ar**bei**ter**	Zim**mer**män**ner**
Stein**bre**cher und Stein**met**ze	Dach**de**cker
Schmied	Ma**ler**
Sei**ler**	Leib**ei**ge**ne**
Korb**ma**cher	
Zieg**ler**	

Schmied

Korb**ma**cher

5 Maurische und christliche Burgen

Spanien wurde im Jahr 711 von den Mauren (Muslimen) erobert. Somit gab es in Europa sowohl muslimische als auch christliche Burgen. Die beiden Baustile unterschieden sich deutlich. Die Christen bauten runde Türme, während die Türme der Mauren viereckig waren. Erst 1492 eroberten die Christen die letzte maurische Festung, die Alhambra in Granada.

<u>Aufgabe</u>: *Welche der folgenden Burgen kannst du dem maurischen Baustil zuordnen? Welche sind im christlichen Baustil erbaut worden? Trage jeweils in den Kreis die entsprechende Abkürzung ein:*
MF = maurische Festung   CB = christlicher Baustil

Lösung

5 Maurische und christliche Burgen

Aufgabe: *MF = maurische Festung* *CB = christlicher Baustil*

6 Europareise von Burg zu Burg

★

Aufgabe: *Markiere die Reiseroute der „Europareise von Burg zu Burg". Trage dazu die Nummern der Burgen in die Karte ein. (S. 17+18)*

Die folgenden **Burgen** wurden während des Mittelalters in Europa gebaut und zeigen uns deren Vielfalt.

Alhambra (1)
Im spanischen Granada errichteten die Mauren (Muslime) im Mittelalter eine wehrhafte Festung auf einem Berg. Die Alhambra fiel 1492 an die katholischen Könige.

Carcassonne (2)
Die südfranzösische Festungsstadt wurde von den Römern gegründet und im Laufe des Mittelalters erweitert. Sogar eine zweite Ringmauer kam hinzu, sowie eine Burg innerhalb der Festungsstadt.

Burg Srebrenik (3)
Diese mittelalterliche Burg liegt auf einem felsigen Hügel in Bosnien und Herzegowina und ist nur über eine einzige Brücke zu erreichen. Somit konnte sie gut verteidigt werden.

Schloss Bran (4)
Die rumänische Bergfestung wurde im 14. Jahrhundert auf einem Bergpass errichtet. Schloss Bran wird oft mit der Romanfigur Dracula in Verbindung gebracht, obwohl das Schloss im Roman frei erfunden ist.

Anadolu Hisari (5)
Die Burg wurde im Mittelalter am Ufer des Bosporus, einer Meerenge in Istanbul, in der Türkei errichtet. Am gegenüberliegenden Ufer befindet sich Rumel Hisari, eine Zwillingsburg.

KOHL VERLAG Ritter und Burgen an Stationen – Bestell-Nr. 12 890

6 Europareise von Burg zu Burg

Kreml (6)
Der Palast aus dem 12. Jahrhundert ist von einer mehr als 2 Kilometer langen Mauer mit 20 Wachtürmen umgeben. Er liegt in Moskau direkt am Fluss Moskwa.

Marienburg (7)
Die Backsteinburg ist eine der größten mittelalterlichen Burganlagen Europas und wurde ab dem 13. Jahrhundert in Polen im Weichseldelta erbaut.

Trakai (8)
Die spätmittelalterliche Wasserburg Trakai liegt in Litauen auf einer Insel im Galvé See und ist nur über eine Brücke zu erreichen.

Predjama (9)
Die größte Höhlenburg der Welt wurde im frühen 13. Jahrhundert in Westslowenien – im damaligen Italien – erbaut. Das Höhlensystem hinter der Burg ist 14 Kilometer lang und bot den Burgbewohnern Geheimgänge.

Hohensalzburg (10)
Die riesige Festung, oberhalb der Stadt Salzburg, in Österreich gelegen, wurde im 11. Jahrhundert erbaut. Im 16. Jahrhundert wurde sie vergrößert. Dabei wurde u.a. eine Seilbahn für den Warentransport hinzugefügt.

Windsor Castle (11)
Die Residenz der englischen Könige wurde bereits im 11. Jahrhundert als hölzerne Motte erbaut. König Eduard ließ die Burg fast komplett umbauen. Auch in den darauffolgenden Jahrhunderten wurde Windsor Castle mehrmals umgestaltet.

BURGEN

6 Europareise von Burg zu Burg

Europakarte

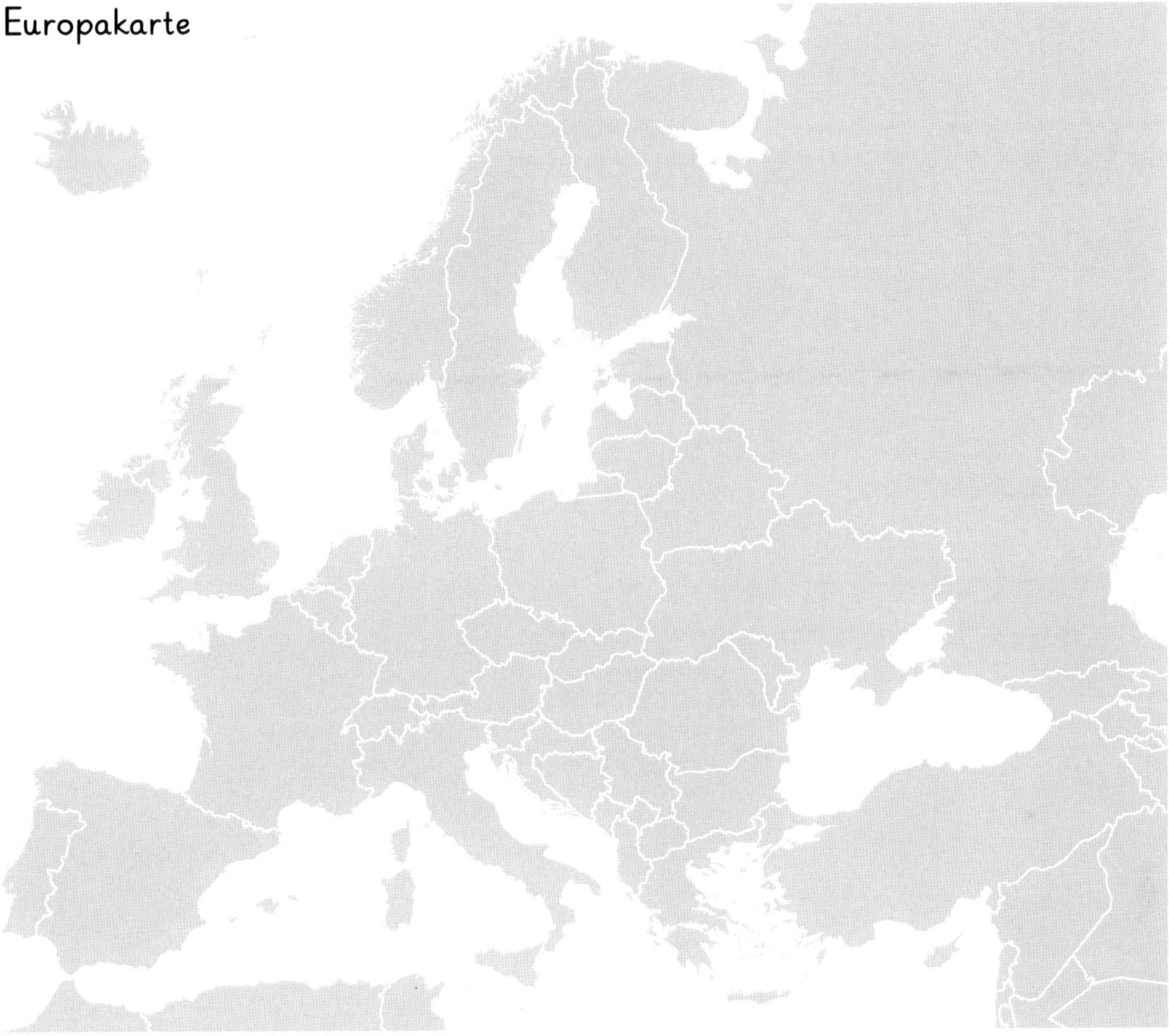

Lösung

6 Europareise von Burg zu Burg

Europakarte

7 Weltreise von Burg zu Burg

Obwohl Europa im Mittelalter das Zentrum des Burgenbaus war, wurden **mittelalterliche Burgen auch in anderen Erdteilen** errichtet.

Aufgabe: *Markiere die Reiseroute der „Weltreise von Burg zu Burg". Trage dazu die Nummern der Burgen in die Weltkarte ein.* *(S. 22+23)*

Ait-Ben-Haddou (1)

In arabischen Ländern werden Festungen Kasbahs genannt und bestehen aus Lehm, Palmstämmen und Schilfmatten. Eine berühmte Lehmburg ist Ait-Ben-Haddou, die im 11. Jahrhundert in Marokko gebaut wurde.

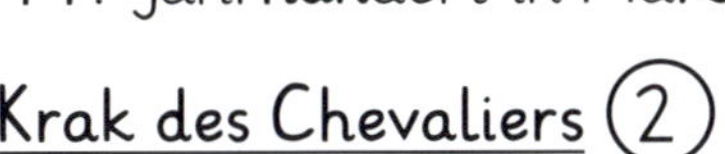

Krak des Chevaliers (2)

Die Kreuzritterfestung wurde im 11. Jahrhundert in Syrien errichtet. Im 12. Jahrhundert wurde die Festung von den Kreuzrittern erobert und nach einem Erdbeben im 13. Jahrhundert neu errichtet.

Mehrangarh (3)

Die riesige Festung wurde im 15. Jahrhundert in Indien auf einer 122 Meter hohen Klippe über der Stadt Jodhpur errichtet. Merhangarh bedeutet „Festung der Sonne". Im Sonnenlicht leuchtete die Festung orangefarben.

Arg-e Bam (4)

Die Zitadelle im Iran ist weltweit eines der größten Bauwerke aus Lehm. Vor über 2000 Jahren wurde Arg-e Bam an der Seidenstraße, einer Handelsroute zwischen Europa und Asien, errichtet.

7 Weltreise von Burg zu Burg

Zitadelle von Saladin (5)

Zur Verteidigung gegen christliche Kreuzritter wurde die riesige Zitadelle von Sultan Saladin in Kairo / Ägypten gebaut. Sie stammt aus dem 12. Jahrhundert, umfasst drei große Moscheen und bietet Aussicht auf die Pyramiden von Gizeh, die schon 3500 Jahre vor dem Bau der Zitadelle errichtet wurden.

Groß-Simbabwe (6)

Die befestigte Stadt wurde ab dem 11. Jahrhundert vom Volk der Shona ganz ohne Mörtel errichtet und war die Hauptstadt des Königreichs Simbabwe.

Elmina Castle (7)

Mit Baumaterial aus Europa wurde diese Burg im 15. Jahrhundert in Ghana am Meer erbaut. Hinter den schönen weißen, von Palmen gesäumten Mauern, wurden im 17. Jahrhundert Sklaven gefangen gehalten.

Kerak (8)

Die Felsenburg aus dem 12. Jahrhundert liegt in Jordanien und erhebt sich auf einer steilen Felswand. Damit war sie gut vor Angreifern geschützt.

7 Weltreise von Burg zu Burg

Weltkarte

KOHL VERLAG Ritter und Burgen an Stationen – Bestell-Nr. 12 890

Lösung

7 Weltreise von Burg zu Burg

Weltkarte

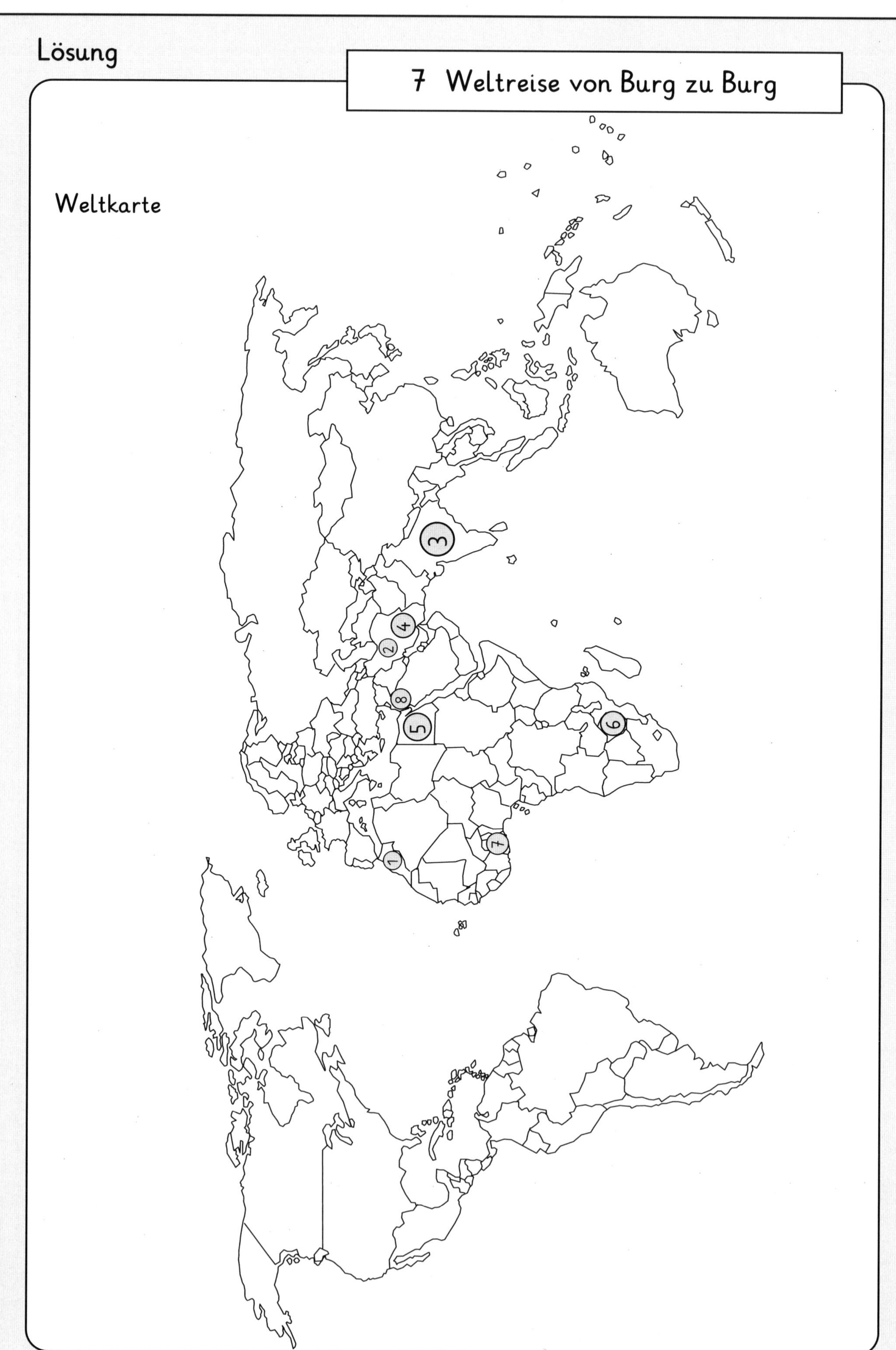

BURGEN

8 Burgen nach dem Mittelalter

Mit **Burgen** verbinden wir die Zeit des Mittelalters. Dabei wurden weltweit auch nach dem Mittelalter bedeutende Burgen gebaut.

Aufgabe: *Ordne den Beschreibungen die passenden Bilder zu.*

Rotes Fort (1)
Das rote Fort in Indien wurde erst im 17. Jahrhundert aus rotem Sandstein gebaut. Es besteht aus mehreren prunkvollen Gebäuden und Gärten.

Großer Palast (2)
Der riesige Palast wurde im 18. Jahrhundert in Bangkok für König Rama errichtet und beinhaltet prunkvolle Tempel.

Chapultepec (3)
Das prachtvolle Schloss wurde im 18. Jahrhundert in Mexiko-Stadt für den General und Politiker Vicomte Bernardo de Galvec erbaut.

Kasteel de Goede Hoop (4)
Die „Burg der guten Hoffnung" ist eine sternenförmige Festung in Kapstadt, Südafrika. Sie wurde im 17. Jahrhundert zunächst aus Holz und Lehm erbaut. Das Material wurde später durch Granitstein und Schieferplatten ersetzt. Früher lag die Festung direkt am Meer.

Burg Himeji (5)
Die hölzerne Burg wurde im 16. Jahrhundert auf einem Hügel oberhalb der Stadt Himeji im Südwesten Japans errichtet. Um die Burg feuerbeständig zu machen, wurde die Holzkonstruktion mit einer dicken Schicht aus Kalk, Asche und Seegras weiß verputzt. Im 17. Jahrhundert wurde sie erweitert.

Neuschwanstein (6)
König Ludwig II. ließ das Märchenschloss im 19. Jahrhundert erbauen, starb jedoch bereits vor der Fertigstellung.

Ritter und Burgen an Stationen – Bestell-Nr. 12 890

Lösung

8 Burgen nach dem Mittelalter

<u>Aufgabe</u>:

9 Hygiene und Krankheiten

Hygienestandards, die für uns heute selbstverständlich sind, gab es im Mittelalter noch nicht. Auf den Burgen kannte man beispielsweise weder WCs noch fließendes Wasser. Die Fäkalien wurden einfach auf die Straße gekippt und die Menschen wuschen sich und ihre Kleidung nur sehr selten. Sie badeten sogar nur alle 2 bis 3 Wochen. Oftmals war es auf den Straßen und in den Häusern und Burgen sehr dreckig. In den Betten hausten Läuse und Flöhe. Da es noch keine Heizungen gab, war es häufig sehr kalt. Aufgrund von Kälte, Hunger und Krankheiten starben die Menschen im Mittelalter sehr früh. Die Lebenserwartung lag bei 30 bis 40 Jahren. Frauen starben noch früher als Männer und jedes vierte Baby erlebte nicht seinen ersten Geburtstag.

Aufgrund der mangelhaften hygienischen Bedingungen konnten sich Krankheiten leicht verbreiten. Besonders gefährlich war die Beulenpest. Sie brach vermutlich 1338 zunächst in Ostasien aus und verbreitete sich von dort bis zum Schwarzen Meer. Schiffsratten brachten den Erreger in die europäischen Häfen. Ein Flohbiss übertrug das Bakterium. Symptome waren Schwellungen, Fieber, Erbrechen, Kopfschmerzen, Schüttelfrost und Bewusstseinsstörungen. Wirksame Medikamente, wie z. B. Antibiotika, gab es damals noch nicht. Daher starb im 14. Jahrhundert – 1346 war die Pestepidemie in Europa ausgebrochen – ein Drittel der Bevölkerung in Europa an der Pest. Erst nach sechs Jahren flaute die Epidemie 1353 etwas ab.

<u>Aufgabe:</u> *Was bedeuten folgende Zahlen? 2–3, 1353, 30–40, $\frac{1}{4}$, 1346, $\frac{1}{3}$, 1338, 1894. Schaut dazu auch im Internet nach.*

Lösung

Aufgabe:

2 – 3: Alle 2 bis 3 Wochen badeten die Menschen im Mittelalter.

1338: Vermuteter Ausbruch der Beulenpest in Ostasien

1353: Die Pestepidemie flaut ab.

30 – 40: Jahre Lebenserwartung

$\frac{1}{4}$: Ein Viertel (1 : 4 – jedes vierte Baby) der Babys erlebten nicht ihren ersten Geburtstag.

1346: Beginn der Pestepidemie in Europa

$\frac{1}{3}$: Ein Drittel (1 : 3) der Bevölkerung starb an der Pest.

1894: Der Arzt Alexander Yersin aus der Schweiz entdeckt den Erreger der Pest und entwickelt den ersten Impfstoff.

10 Herkunft der Ritter

Das Wort <u>Ritter</u> gibt es erst seit dem 11. Jahrhundert. Vorher wurden Soldaten, die auf Pferden ritten, <u>chevalier</u> oder <u>miles</u> genannt. Im 8. Jahrhundert eroberten muslimische Mauren das christlich geprägte Spanien. Sie kämpften vom Pferd aus und waren somit schnell und geschickt. Die Mauren griffen im Anschluss an die Eroberung Spaniens auch Frankreich an. Panzerreiter sollten sie aufhalten. Diese trugen einen Brustpanzer aus Leder und Eisenplättchen und einen Helm. Mit Hilfe von Steigbügeln aus Metall hatten die <u>Panzerreiter</u> ausreichend Halt im Kampf. Bewaffnet waren sie mit Schild, Lanze, Schwertern und Pfeil und Bogen. Viele der Panzerreiter waren Adelige, die sich Ansehen und Vertrauen erkämpfen wollten. Manche Ritter waren damals so berühmt wie heutzutage Fußballer oder Popstars.

Bereits während des Römischen Reiches leisteten sich reiche Römer ein eigenes Pferd mit Ausrüstung. Diese römischen <u>Equites</u> gelten als die Vorläufer mittelalterlicher Ritter.

<u>Aufgabe 1</u>: *Vor den mittelalterlichen Rittern gab es bereits Soldaten bzw. Kämpfer auf Pferden. Wie wurden sie genannt? Schreibe ihre Namen auf.*

<u>Aufgabe 2</u>: *Ordne Satzanfänge und Satzenden passend zu und schreibe dann den richtig zusammengesetzten Satz auf.*

Die Mauren eroberten erst Spanien...	...schneller und geschickter kämpfen.
Vom Pferd aus konnte man...	...die angreifenden Mauren.
Panzerreiter kämpften gegen...	...und dann Frankreich.
Vor den Panzerreitern gab es bereits...	...im Römischen Reich Equites.

KOHL VERLAG Ritter und Burgen an Stationen – Bestell-Nr. 12 890

Lösung

10 Herkunft der Ritter

Aufgabe 1:

chevalier, miles, Panzerreiter, Equites

Aufgabe 2:

Die Mauren eroberten erst Spanien	... und dann Frankreich.
Vom Pferd aus konnte man	... schneller und geschickter kämpfen.
Panzerreiter kämpften gegen	... die angreifenden Mauren.
Vor den Panzerreitern gab es bereits	... im Römischen Reich Equites.

RITTER

11 Ritter Roland stellt sich vor

Hallo, ich grüße euch!
Ich heiße Roland und vielleicht hast du mich schon mal irgendwo gesehen. Ich bin nämlich so bekannt, dass es von mir in vielen Städten Statuen gibt, sogar schon im Mittelalter. Oft stehe ich direkt auf dem Marktplatz und bin mit meinem Schild und meinem Schwert zu sehen. Ich symbolisiere die Freiheit der Bürger und die Eigenständigkeit einer Stadt. Sogar ein Lied, das Rolandslied, handelt von mir. Es erzählt, wie ich als Ritter für Karl dem Großen in einem Feldzug nach Spanien verraten und in einen Hinterhalt gelockt werde. Mit meinem unzerbrechlichen Schwert Durendart kämpfe ich tapfer gegen die Feinde. Leider kommt mir das Heer erst zu spät zu Hilfe. Kurz vor meinem Tod blase ich mit letzter Kraft in mein Horn.

Aufgabe 1: *Finde mit Hilfe des Internets heraus, in welchen Städten es Rolandstatuen gibt.*
a) Nenne mindestens 10 Rolandstatuen in deutschen Städten.
b) Nenne mindestens 5 Rolandstatuen außerhalb von Deutschland.

Aufgabe 2: *Worum geht es im Rolandslied? Kreuze an.*
- ☐ Ritter Roland erobert erfolgreich Spanien und wird als Held gefeiert.
- ☐ Ritter Roland wird verraten und stirbt auf einem Feldzug nach Spanien.
- ☐ Das Schwert des Ritters Roland zerbricht im Kampf.
- ☐ Mit seinem Horn leitet Ritter Roland das Heer Karls des Großen.

Lösung

11 Ritter Roland stellt sich vor

Aufgabe 1:

a) Aurich, Bautzen, Bad Bederkesa, Bad Bramstedt, Belgern, Bad Windsheim, Berlin, Boitzenburg, Brandenburg an der Havel, Brobergen, Buch, Bremen, Calbe, Chemnitz, Duisburg, Erfurt, Eutin, Gardelegen, Fritzlar, Halberstadt, Haldensleben, Hannover, Hildesheim, Magdeburg, Nordhausen, Perleberg, Quedlinburg, Stendal, Wedel, Zerbst

b) Drosendorf (Österreich), Dubrovnik (Kroatien), Bratislava (Slowakei), Brissago (Schweiz), Riga (Lettland), Metz (Frankreich), New York (USA), Sroda Slaska (Polen), Wien (Österreich)

Aufgabe 2:

- ☐ Ritter Roland erobert erfolgreich Spanien und wird als Held gefeiert.
- ☒ Ritter Roland wird verraten und stirbt auf einem Feldzug nach Spanien.
- ☐ Das Schwert des Ritters Roland zerbricht im Kampf.
- ☐ Mit seinem Horn leitet Ritter Roland das Heer Karls des Großen.

Roland in Bremen

Roland in Riga

Roland in Brandenburg

Roland in Halberstadt

Roland in Bratislava

Roland in Duisburg

12 Ritter Rolands Leben auf der Burg

Hallo, ich grüße euch!
Seit meiner Geburt im Jahr 1142 wohne ich auf einer Burg. Mein Vater war bereits ein Ritter und ich bin deshalb auch auf einer Burg aufgewachsen. Für meine Ausbildung zum Ritter bin ich auf eine andere Burg umgezogen. Seitdem lebe ich dort und habe meine Ausbildung abgeschlossen. Diese Burg möchte ich euch nun gerne vorstellen: Dies ist unser Schlafzimmer. Ich schlafe mit meiner Familie zusammen in diesem großen Bett. In diese Kiste, die wie eine Schatztruhe aussieht, legen wir vor dem Schlafengehen unsere Kleidung. Die Vorhänge um das Bett herum ziehen wir abends zu, um uns vor der Kälte zu schützen. Wir haben keine Heizung und durch die Fenster zieht oft ein kalter Wind herein. Weil wir keine Fensterscheiben haben, ist es deshalb oft feucht und ungemütlich in der Burg. Sobald es dunkel wird, zünden wir die Kerzen auf den Tischen und in den Laternen an. Außerdem liefert das Kaminfeuer uns Licht und Wärme. Ansonsten ist es aber stockdunkel. Auch kochen müssen wir über einem offenen Feuer. Mit dem Wasser, das wir aus dem Brunnen schöpfen, müssen wir sparsam umgehen. Deshalb baden und waschen wir uns nur sehr wenig und sehr selten. Unsere Kleidung tragen wir oft sehr lange, ohne sie zu waschen, und besitzen nur wenige Kleidungsstücke zum Wechseln. Auch ein WC haben wir nicht. Die Fäkalien landen einfach im Burggraben.

<u>Aufgabe</u>: *Stelle dir vor, du würdest in der Zeit zurückreisen und in einer Burg wohnen. Worauf müsstest du verzichten? Schreibe deine Gedanken dazu auf.*

Lösung

12 Ritter Rolands Leben auf der Burg

Aufgabe: individuelle Lösung

Im Mittelalter gab es noch keine **Heizungen**, keine **Fensterscheiben** und keinen **Strom** und deshalb auch kein **elektrisches Licht**. Auch auf ein **eigenes Zimmer** und ein **eigenes Bett** müsste ich verzichten. Früher gab es weniger **Spielzeug** und weniger **Kleidung** und auch **warme Bäder** und **regelmäßiges Duschen** waren nicht möglich. **WCs** gab es noch nicht. Kochen war mühsamer, da es noch keine elektrischen **Herdplatten** und keinen **elektrischen Ofen** gab. Auch **Fernseher, Computer, Handys, Autos, Flugzeuge** und andere motorbetriebene Fahrzeuge gab es noch nicht.

13 Rolands Karriere – Page, Knappe, Ritter

Hallo, ich grüße euch!
Vielleicht habt ihr euch schon gefragt, wie es dazu kam, dass ich Ritter geworden bin. Ritter werden und sein ist gar nicht so einfach, sondern mit viel Arbeit und Disziplin verbunden. Nur sportliche Jungen hatten die Chance, Ritter zu werden. Mein Vater ist ebenfalls Ritter und es ist üblich, dass die Kinder den Beruf des Vaters erlernen. Im Alter von 7 Jahren wurde ich deshalb auf eine andere Burg geschickt, damit ich dort zum Ritter ausgebildet werde. Meine Eltern habe ich zu der Zeit mehrere Jahre lang gar nicht gesehen. Zur Ritterausbildung zählt zunächst die Ausbildung zum Pagen. Dabei müssen wir Schwimmen, Fechten, Faustkämpfe und Reiten erlernen. Der Umgang mit Pferden wird auch geübt, da das Pferd der ständige Begleiter eines Ritters ist.
Mit 14 Jahren wird ein Page zum Knappen. Die Knappen tragen die Schilder der Ritter und üben den Kampf mit Schwert, Streitaxt, Armbrust und Lanze. Vor einem Turnier helfen die Knappen dem Ritter beim Anziehen der schweren Rüstung und stehen ihm im Kampf bei. Die Knappen lernen das höfliche Benehmen gegenüber Damen und Edelleuten und sollen beim Schachspielen Geduld und Beherrschung zeigen. Ritter werden ist zudem nicht ganz ungefährlich. Oft sterben Pagen oder Knappen bei Turnieren, bei Kämpfen oder bei der Jagd.
Nach der anstrengenden Ausbildung wird man mit 19 bis 21 Jahren zum Ritter. Das bedeutet, dass man nun als erwachsen gilt und endlich eigene Waffen bekommt. Oftmals wird ein großes Fest gefeiert, das Schwertleite genannt wird. Am Abend vor dem Fest badet der Knappe. Das ist im Mittelalter etwas Besonderes. Zum Fest kommt auch die Familie des Knappen, die er häufig jahrelang nicht gesehen hat. Der Festtag beginnt mit einer Messe in der Kirche. Danach werden Geschenke überreicht: Waffen, ein Pferd, Kleidung und eine Rüstung. Und der Knappe wird feierlich zum Ritter geschlagen. Dabei kniet der Knappe nieder und der Ausbilder berührt vorsichtig mit einem Schwert die Schulter des jungen Ritters. Zur Feier gehörte auch ein gemeinsames Essen. Doch nicht immer finden so große Feierlichkeiten statt. Manchmal werden viele Knappen auf einmal zum Ritter geschlagen.

<u>Aufgabe 1</u>: *Schreibe für Roland seinen Lebenslauf. Beginne dazu mit dem Geburtsjahr von Roland (1142).*

<u>Aufgabe 2</u>: *Schreibe einen Lexikoneintrag für folgende Wörter: Page, Knappe, Schwertleite.*

Ritter und Burgen an Stationen – Bestell-Nr. 12 890

Lösung

13 Rolands Karriere – Page, Knappe, Ritter

Aufgabe 1:

1142: Geburt als Sohn eines Ritters
1149: Beginn der Ausbildung zum Ritter als Page
1156: Fortführung der Ausbildung als Knappe
1162: Ritterschlag

Aufgabe 2:

Page: 7 bis 14 Jahren – 1. Teil der Ritterausbildung. Die Pagen lernen dabei Schwimmen, Fechten, Faustkämpfe und Reiten.

Knappe: 14 bis 19 – 21 Jahren – 2. Teil der Ritterausbildung. Die Knappen unterstützen die Ritter beim Anziehen der Rüstung und im Kampf.

Schwertleite: Feierlichkeit, bei welcher ein Knappe zum Ritter geschlagen wird. Dabei wird die Schulter des angehenden Ritters mit einem Schwert berührt. Er gilt nun als erwachsen.

14 Ritter Rolands Tugenden

Hallo, ich grüße euch!

Ihr kennt bestimmt die Adjektive ritterlich und tugendhaft. Genau das wird von uns Rittern erwartet: vorbildliches Benehmen. Was von uns konkret erwartet wird, erklären die Rittertugenden. Das sind Charaktereigenschaften, die auf mittelhochdeutsch formuliert werden: hoher muet, staete, mâze, minne und triuwe. Hoher muet bedeutet Begeisterung, gute Laune und Gelassenheit im Kampf. Staete ist die Zuverlässigkeit und mâze die Bescheidenheit. Angeben dürfen Ritter nämlich nicht. Minne ist die reine Liebe. Ein Ritter tut alles für seine Angebetete und ist ihr zur Treue verpflichtet. Das nennt man triuwe. Treu sein muss ein Ritter ebenfalls seinem Dienstherrn, seinen Freunden und Mitkämpfern. Geduld und Beherrschung werden im Schachspiel trainiert. Von Rittern wird also nicht nur Vernunft, Ehrgeiz und Disziplin erwartet, sondern auch gutes Benehmen und Höflichkeit.

Aufgabe: *Löse das Kreuzworträtsel. Trage dazu die Tugenden in der folgenden Reihenfolge von oben nach unten ein:*

Treue, reine Liebe, Zuverlässigkeit, Begeisterung / Gelassenheit (nur 2. Wort), Bescheidenheit, Begeisterung / Gelassenheit.

Die Buchstaben in den hellgrauen Kästchen ergeben das Lösungswort: ______________________________

Lösung

14 Ritter Rolands Tugenden

Aufgabe: Treue, reine Liebe, Zuverlässigkeit, Begeisterung/Gelassenheit (nur 2. Wort), Bescheidenheit, Begeisterung/Gelassenheit (nur 1. Wort).

Lösungswort: RITTER

			T	**R**	I	U	W	E
			M	**I**	N	N	E	
			S	**T**	A	E	T	E
	M	U	E	**T**				
	M	A	Z	**E**				
H	O	H	E	**R**	M	U	E	T

15 Ritter Rolands Rüstung

Hallo, ich grüße euch!

Ich bin schon total aufgeregt. Heute findet ein **Ritterturnier** statt, an dem ich teilnehmen werde. Doch zunächst muss noch einiges vorbereitet werden. Ein Knappe hilft mir beim Anziehen der Rüstung. Das dauert ganz schön lange. Zuerst zieht er mir einen Leibrock an, ein Hemd, das bis zu den Knien reicht. Daran werden Teile der Rüstung befestigt. Über dem Leibrock wird das **Kettenhemd** getragen. Danach steige ich in die **Beinröhren**. Nun sind Ober- und Unterschenkel vollständig mit Eisenplatten bedeckt. Vor allem der Kniebereich ist stark verstärkt und wird **Kniebuckel** genannt. Der **Diechling**, der zum Schutz der Oberschenkel dient, wird mit Ledergurten befestigt. Nun werden der **Harnisch** (Brustpanzer) und die **Rückenplatte** angelegt und ich schiebe meine Arme nacheinander in die **Oberarmröhren**. Ein **Ellenbogenschutz** und die **Schulterstücke** schützen die Ellbogen bzw. den Schulterbereich zusätzlich und die **Schwebescheiben** und der **Bauchreif** verstärken die Schulter und die Achselhöhlen bzw. den Bauchbereich. Über dem Bauchreif wird der **Gürtel** getragen. Zum Schluss streift der Knappe mir die **Panzerhandschuhe** über und legt mir die **Sporen** an. Danach setzt er mir den **Helm** auf. Dieser schützt durch das herunterklappbare **Visier** und den **Helmbart** meinen Kopf und meinen Hals. Nun fehlen nur noch mein **Schwert** und mein **Schild**. Nachdem ich nun endlich fertig angezogen bin, kann es losgehen. Gemütlich ist so eine Rüstung nicht gerade und ich kann mich darin kaum bewegen. Aber ich fühle mich damit sicher und kann so gut geschützt meinem Gegner gegenübertreten. Zum Ausziehen der Rüstung brauche ich übrigens 45 Minuten. Einen Toilettengang muss ich also lange im Voraus planen.

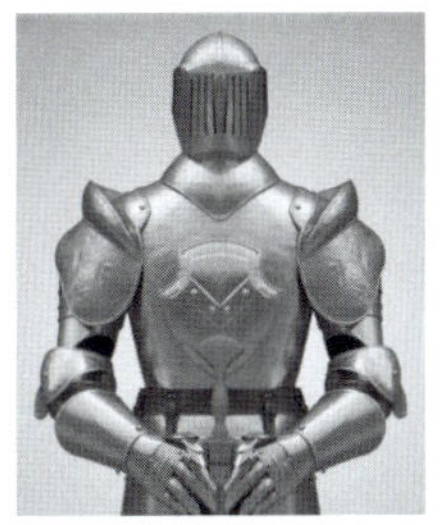

Aufgabe: *Was zieht Roland der Reihenfolge nach an? Ordne die Teile der Rüstung entsprechend zu. Nummeriere diese dann mit den Zahlen 1 – 14.*

Panzerhandschuhe	
Ellenbogenschutz u. Schulterstücke	
Schwebescheiben u. Bauchreif	
Schwert u. Schild	
Rückenplatte	
Kettenhemd	
Helm – Visier u. Helmbart	

Gürtel	
Sporen	
Leibrock	
Diechling	
Oberarmröhren	
Harnisch	
Beinröhren	

KOHL VERLAG Ritter und Burgen an Stationen – Bestell-Nr. 12 890

Lösung

15 Ritter Rolands Rüstung

Aufgabe:

Panzerhandschuhe	11
Ellenbogenschutz u. Schulterstücke	8
Schwebescheiben u. Bauchreif	9
Schwert u. Schild	14
Rückenplatte	6
Kettenhemd	2
Helm – Visier u. Helmbart	13

Gürtel	10
Sporen	12
Leibrock	1
Diechling	4
Oberarmröhren	7
Harnisch	5
Beinröhren	3

1. Leibrock
2. Kettenhemd
3. Beinröhren
4. Diechling
5. Harnisch
6. Rückenplatte
7. Oberarmröhren
8. Ellenbogenschutz u. Schulterstücke
9. Schwebescheiben u. Bauchreif
10. Gürtel
11. Panzerhandschuhe
12. Sporen
13. Helm – Visier u. Helmbart
14. Schwert u. Schild

16 Das Ritterturnier

Hallo, ich grüße euch!

Zum Glück ist gerade kein Krieg. Denn nur zu Friedenszeiten finden Ritterturniere statt. Sie sind zur Übung gedacht. Außerdem geht es um die Ehre. Die Ritter wollen allen ihre Stärke, Geschicklichkeit und Tapferkeit zeigen. Die Zuschauertribünen sind normalerweise gut gefüllt, so dass die Ritter vor großem Publikum kämpfen. Dabei herrscht Volksfeststimmung. Händler bieten Essen und Getränke und andere Waren zum Verkauf an. Musikanten treten auf und Puppenspieler und Gaukler vertreiben den Gästen die Zeit vor dem Turnier und während der Pause. Die Busine (eine lange Trompete) eröffnet das Turnier, das aus drei Formen besteht. Es gibt den Buhurt, die Turnei und den Tjost. Buhurt und Turnei sind Mannschaftskämpfe. Beim Buhurt wird meistens ohne Rüstungen mit stumpfen Waffen gekämpft. Da bei der Turnei scharfe Waffen benutzt werden, ist sie gefährlicher. Ich werde heute jedoch im Zweikampf, Tjost genannt, antreten. Gleich wird es losgehen. Deshalb steige ich auf mein Pferd und stelle mich an dem einen Ende der Rennbahn auf. Am gegenüberliegenden Ende wartet schon mein Gegner. Von der Tribüne erklingen Jubelrufe und das Publikum klatscht. Dann geht es los. Mein Gegner und ich stürmen auf den Pferden aufeinander zu und wir versuchen, uns mit Lanzen von den Pferden zu stoßen. Nach mehreren Versuchen fällt mein Gegner schließlich vom Pferd. Auch ich steige vom Pferd ab. Denn nun geht der Zweikampf ohne Pferd weiter. Ganz ungefährlich sind die Turniere nicht. Es gibt manchmal Verletzte oder sogar Tote. Deshalb werden Turniere manchmal verboten.

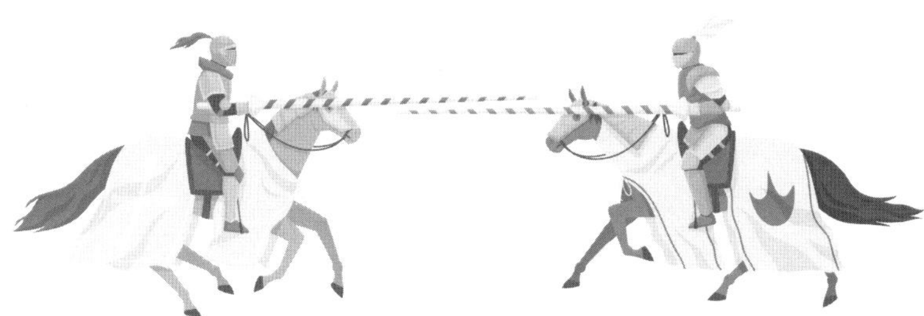

<u>Aufgabe 1</u>: *Wieso wurden Ritterturniere ausgetragen?*

<u>Aufgabe 2</u>: *Welche drei Kampfformen sind Teil eines Turniers?*

Lösung

16 Das Ritterturnier

Aufgabe 1: Ritterturniere dienen dem Training. Die Ritter sollen auf zukünftige notwendige Kämpfe gut vorbereitet sein. Außerdem geht es um die Ehre. Die Ritter wollen allen ihre Stärke, Geschicklichkeit und Tapferkeit zeigen.

Aufgabe 2:

Buhurt: Mannschaftskampf ohne Rüstungen mit stumpfen Waffen
Turnei: gefährlicherer Mannschaftskampf mit scharfen Waffen
Tjost: Zweikampf

17 Rolands Wappen

Hallo, ich grüße euch!
Ich habe ein besonders schönes Familienwappen. Darauf ist nämlich meine Burg vor einem blauen Hintergrund abgebildet. Vor der Burg seht ihr mein Pferd, meinen treuen Begleiter.
Es gibt Familienwappen, Stadtwappen und Landwappen.
Als individuelles Erkennungsmerkmal ermöglichen sie eine eindeutige Zuordnung und Unterscheidung. Mit Hilfe der Wappen kann man Ritter somit im Kampf auch in ihrer Rüstung erkennen. Die Waffen der Ritter tragen deren Wappen. Es befindet sich zum Beispiel auf dem Schild, dem Helm, der Satteldecke des Pferdes und auf der Fahne des Ritters.

Ändert man im Wort Wappen zwei Buchstaben, so erhält man das Wort Waffen. Tatsächlich sind die beiden Wörter sprachgeschichtlich miteinander verwandt.

<u>Aufgabe</u>: *Male mein Wappen auf. Berücksichtige dabei die Hinweise im Text. Erstelle dann dein eigenes Wappen. Dafür kannst du deine Lieblingsfarbe(n) und etwas, das dich besonders auszeichnet, verwenden.*

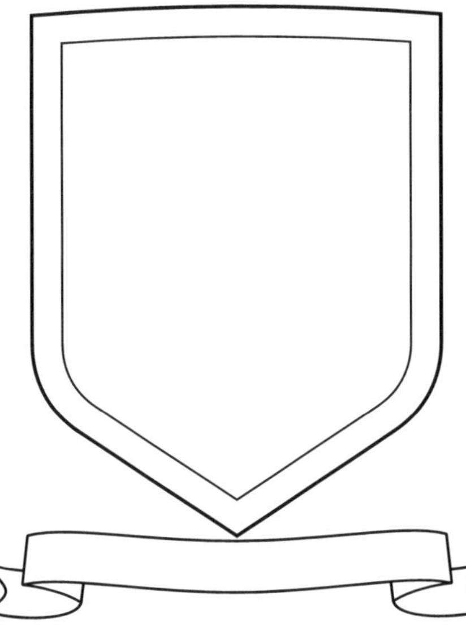

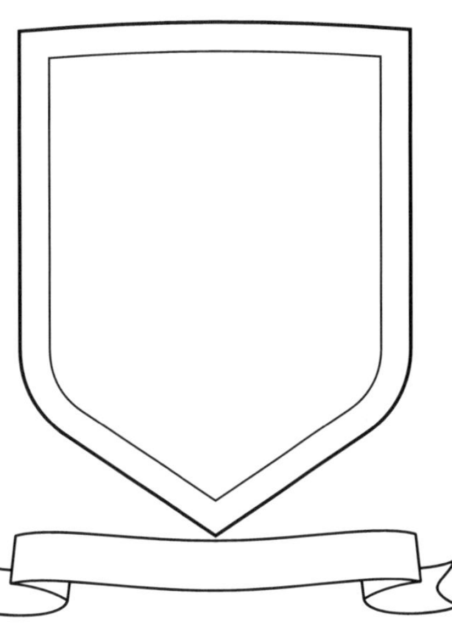

KOHL VERLAG Ritter und Burgen an Stationen – Bestell-Nr. 12 890

Lösung

17 Rolands Wappen

Aufgabe: individuelle Lösung

Ideen für die Gestaltung: Hobby, Wohnort, Wohngebäude, Lieblingstier, Familiensymbol, Symbol der Wohnregion, Lieblingsplatz …

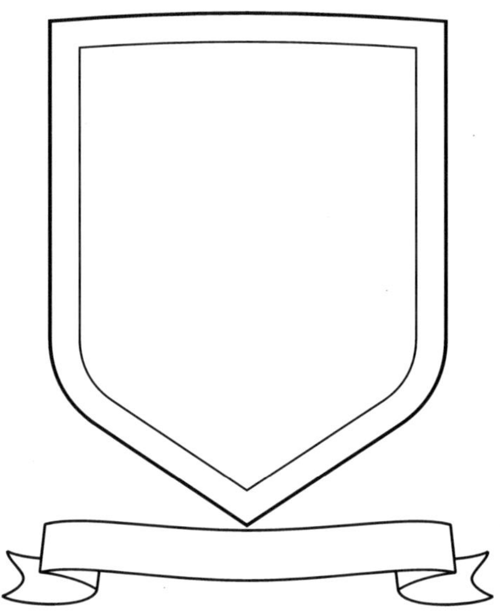

RITTER

18 Freizeitaktivitäten der Ritter

Hallo, ich grüße euch!

Da wir uns gerade nicht im Krieg befinden und obwohl das Leben eines Ritters mit viel Disziplin verbunden ist, gibt es doch ausreichend Freizeit, die wir mit unseren Hobbys füllen können. Am besten gefallen mir Turniere und Feste. Wir essen dann gemeinsam an der riesigen Tafel. Dazu gibt es ein abwechslungsreiches Programm. Jongleure, Gaukler und Musikanten treten auf und es wird immer viel gelacht. Ich höre vor allem gerne die Drehleier und die Hornpfeife (ein schalmeiartiges Blasinstrument). Außerdem spiele ich gerne. Mein Lieblingsspiel ist Pelota. Dabei wird ein kleiner Ball von zwei Spielern abwechselnd mit einem Schläger gegen eine Wand geschlagen. Dieses tennisähnliche Spiel ist auch heute noch im Baskenland sehr verbreitet. Auch zu Mannschaftsspielen treffen wir uns häufig. Dabei schlagen wir mit Schlägern gegen einen großen Ball aus Leder (ähnlich wie beim Hockey). Brettspiele, vor allem Schach, aber auch Dame oder Trictrac (vergleichbar mit Backgammon) spiele ich auch gerne. Aber auch Blinde-Kuh, das Spiel mit Murmeln und Fangen sind beliebt. Auch auf die Jagd gehe ich regelmäßig. Das Jagen von Tieren wie Bären oder Wildschweinen ist für uns eine Übung für den Kampf auf dem Schlachtfeld. Oft jagen wir mit der Hilfe von Greifvögeln. Diese Jagdform wird Beize genannt. Am allerliebsten bin ich bei schönem Wetter jedoch in unserem Burggarten. Dort wachsen Obst, Gemüse und Gewürze und man kann dort wunderbar spazieren gehen.

Aufgabe: *Kreuze die richtigen Freizeitaktivitäten von Roland an.*

☐ Hockeyähnliches Ballspiel ☐ Theater ☐ Festessen

☐ Klavier spielen ☐ Schach ☐ Lesen

☐ Wildschweinjagd ☐ Schwimmen ☐ Spazieren im Burggarten

☐ Weben ☐ Pelota ☐ Basketball

☐ Beize ☐ Singen ☐ Blinde Kuh

KOHL VERLAG Ritter und Burgen an Stationen – Bestell-Nr. 12 890

Lösung

18 Freizeitaktivitäten der Ritter

Aufgabe: *Kreuze die richtigen Freizeitaktivitäten von Roland an.*

- [x] Hockeyähnliches Ballspiel
- [ ] Theater
- [x] Festessen
- [ ] Klavier spielen
- [x] Schach
- [ ] Lesen
- [x] Wildschweinjagd
- [ ] Schwimmen
- [x] Spazieren im Burggarten
- [ ] Weben
- [x] Pelota
- [ ] Basketball
- [x] Beize
- [ ] Singen
- [x] Blinde Kuh

19 Angriff und Verteidigung

Hallo, ich grüße euch!
Schon seit Wochen belagern Feinde unsere Burg und fordern seitdem, dass sich die Burgbevölkerung ergibt. Das kommt natürlich für uns überhaupt nicht in Frage. Aber langsam werden die Vorräte für alle knapp. Denn seit der Belagerung sind alle Wege zur Außenwelt abgeschnitten. Doch nicht nur wir, sondern auch unsere Feinde scheinen ungeduldig geworden zu sein. Anscheinend wollen sie nicht noch länger warten und bereiten sich auf den Angriff vor. Die Burg wurde umzingelt. Überall um die Burg herum stehen Katapulte. Außerdem haben die Angreifer Steinschleudern, Rammböcke und Belagerungstürme bei sich. Die Angreifer bereiten sich auch mit Bliden (katapultähnlichen Wurfwaffen) darauf vor, die Burg zu beschießen. Alle Burgbewohner sind alarmiert und bereiten sich auf die Verteidigung vor. Auf den Burgmauern haben sich bereits Männer mit Pfeil und Bogen eingefunden. Schon treffen Pfeile und Geschosse mit einem lauten Krachen auf die Burgmauer. Das Burgtor versuchen die Angreifer mit dem Rammbock einzubrechen. Andere schütten den Burggraben mehr und mehr zu, um mit dem Belagerungsturm an die Mauern heranzukommen zu können. Burgbewohner eilen mit Schwertern und Äxten für den Nahkampf ausgerüstet zur Burgmauer. Einigen Angreifern ist es bereits gelungen, Leitern an der Burgmauer aufzustellen und klettern auf diesen siegessicher nach oben. Doch bisher wurden alle Angreifer abgewehrt und es befindet sich noch kein Feind innerhalb der Burg. Zum Glück bleibt dies auch so. Nach mehreren Stunden und vielen gescheiterten Versuchen, die Burg einzunehmen, ziehen sich die Angreifer zurück. Nun kann ich mich endlich wieder entspannen.

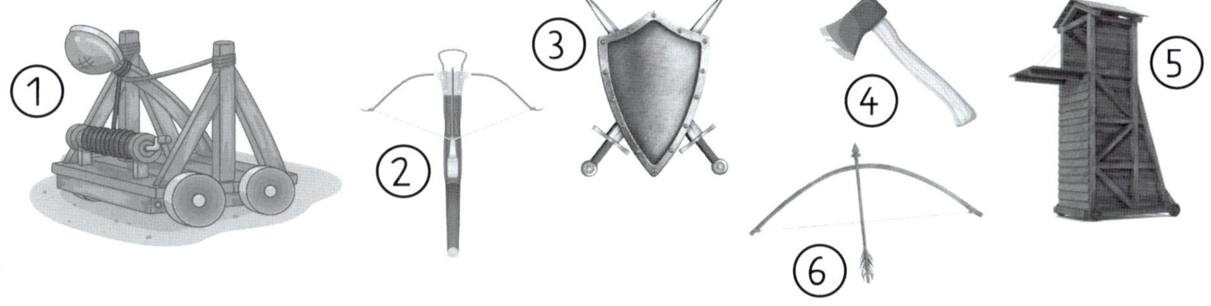

<u>Aufgabe 1</u>: *Was findet im Normalfall vor dem Angriff auf eine Burg statt?*

<u>Aufgabe 2</u>: *Wie heißen die folgenden Waffen und Hilfsmittel für die Belagerung und Verteidigung der Burg? Schreibe deine Lösungen auf. Beispiel: Bild 1 zeigt ein* ________________.

KOHL VERLAG Ritter und Burgen an Stationen – Bestell-Nr. 12 890

Lösung

19 Angriff und Verteidigung

<u>Aufgabe 1</u>:
Die Fein**de** be**la**ger**ten** die Burg und for**der**ten die aus**ge**hun**ger**te Burg**be**völ**ke**rung auf, sich zu er**ge**ben.

<u>Aufgabe 2</u>:
Ka**ta**pult 1, Arm**brust** 2, Schild und Schwert 3, Axt 4, Be**la**ge**rungs**turm 5, Pfeil und Bo**gen** 6

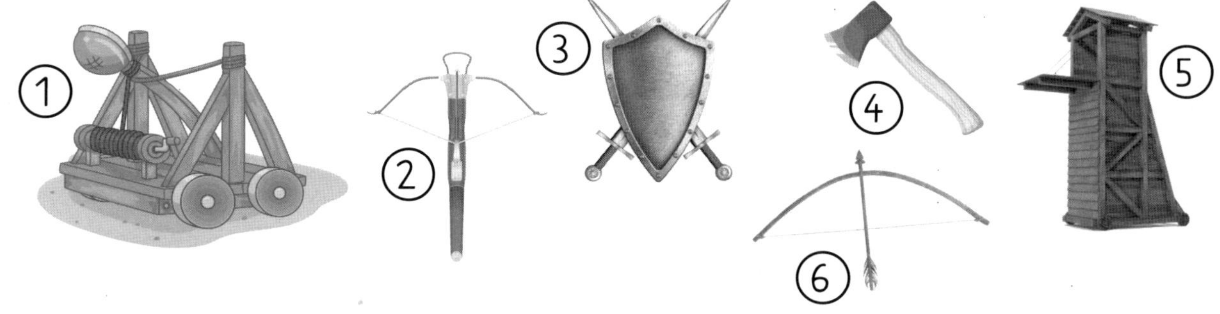

20 Das Ende der Ritterzeit

Die Ritter waren in Europa fast 1000 Jahre lang die gefährlichsten Kämpfer. Erst, als im 14. Jahrhundert Gewehre und Kanonen erfunden wurden, verloren sie an Bedeutung. Zunächst waren die neuen Waffen noch langsam und nicht treffsicher genug. Doch da diese mit der Zeit optimiert wurden und man deshalb im Krieg nicht mehr Mann gegen Mann kämpfte, wurden die Ritter zur Kriegsführung nicht mehr gebraucht. Außerdem boten die Ritterrüstungen gegen die neuen Waffen nicht mehr ausreichend Schutz. Vielen Rittern wurde das Leben auf den Burgen zu teuer und zu ungemütlich und sie zogen in beheizbare Häuser in den Städten. Als Nachfolger der Ritter gelten die Musketiere, die nach ihren Musketen benannt wurden.

<u>Aufgabe</u>: *Ordne die Sätze nach der inhaltlichen Reihenfolge.*

a) Mit Feuerwaffen kämpften die Musketiere gegeneinander.
b) Die Ritterrüstungen waren nicht mehr sicher genug.
c) Die Ritter waren für den Nahkampf gut ausgebildet und ausgerüstet.
d) Gewehre und Kanonen wurden erfunden und immer weiterentwickelt.
e) Im 14. Jahrhundert verloren die Ritter an Bedeutung.

KOHL VERLAG Ritter und Burgen an Stationen – Bestell-Nr. 12 890

Lösung

20 Das Ende der Ritterzeit

<u>**Aufgabe**</u>:

e) Im 14. Jahr**hun**dert ver**lo**ren die Rit**ter** an Be**deu**tung.

c) Die Rit**ter** wa**ren** für den Nah**kampf** gut aus**ge**bil**det** und aus**ge**rüs**tet**.

d) Ge**weh**re und Ka**no**nen wur**den** er**fun**den und im**mer** wei**ter**ent**wi**ckelt.

b) Die Rit**ter**rüs**tun**gen wa**ren** nicht mehr si**cher** ge**nug**.

a) Mit Feu**er**waf**fen** kämpf**ten** die Mus**ke**tie**re** ge**gen**ein**an**der.

21 Der Kerker

Hallo, ich grüße euch!

Wenn ihr mutig genug seid, möchte ich euch nun den Kerker zeigen. Mein Lieblingsplatz auf der Burg ist das nicht gerade, denn es ist dunkel und unheimlich dort.

Der Kerker befindet sich normalerweise entweder tief unten in der Burg oder im Bergfried. Verbrecher werden hier gefangen gehalten und gefoltert. Fußschellen, die um die Knöchel herum befestigt werden und an einer schweren Eisenkugel angebracht sind, sorgen dafür, dass sich der Gefangene nicht weit entfernen kann. Gefoltert wird mit der Streckbank, wobei das Opfer auf einer Liege an Armen und Beinen auseinandergezogen wird oder in einer „Oubliette", einem „vergessenen Zimmer". Dieses ist so klein und eng, dass sich der Gefangene darin gar nicht bewegen kann.

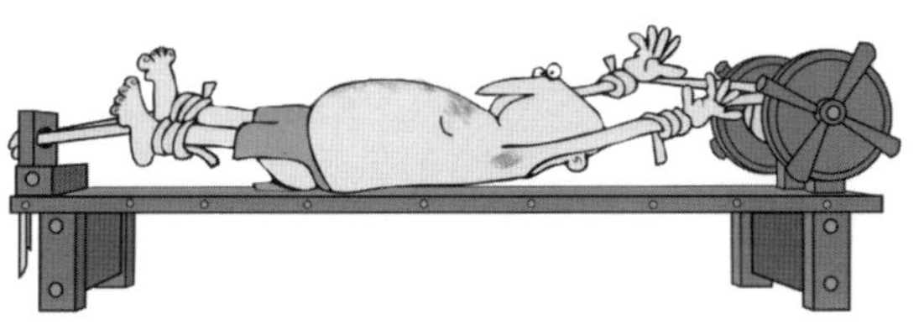

Zu einem Geständnis gedrängt wird der Verdächtige auch oft mit einer Schraubzwinge, in der der Kopf oder ein Daumen erst eingespannt und dann gequetscht werden. Manchmal wurde der Verdächtige auch über einem Feuer befestigt und gegrillt. Oftmals gestand der Angeklagte das Verbrechen, auch wenn er dies gar nicht begangen hatte. Auch die Hinrichtungsmethoden waren brutal. Dazu gehören das Ertränken in Fässern, das Einmauern, das Werfen in ein tiefes Loch oder das Einsperren in einen eisernen Käfig, in dem der Verurteilte verhungerte oder erfror, das Verbrennen auf dem Scheiterhaufen, das Aufspießen an einem Pfahl, der Sturz von der Stadtmauer oder von einem Turm, das Köpfen mit einer Axt oder einem Schwert und das Vierteilen. Dabei wurden an den Armen und Beinen Seile befestigt, die an vier Pferde gebunden werden. Die Pferde wurden dann in vier verschiedene Richtungen getrieben.

Aufgabe: *In Deutschland darf niemand zum Tode verurteilt werden. Aber das ist nicht überall auf der Welt so. Finde mit Hilfe des Internets heraus, in welchen Ländern es immer noch die Todesstrafe gibt. Notiere mindestens 15 Länder.*

Ritter und Burgen an Stationen – Bestell-Nr. 12 890
KOHL VERLAG

Lösung

21 Der Kerker

Aufgabe:

In 92 Ländern der Welt gibt es noch eine gesetzlich geregelte Todesstrafe. Unter anderem in folgenden Ländern: Ägypten, Afghanistan, Äthiopien, Bahrain, Jordanien, Kuwait, Libyen, Nigeria, Nordkorea, Oman, Pakistan, Saudi-Arabien, Singapur, Somalia, Sudan, Syrien, Sierra Leone, Taiwan, Thailand, Vereinigte Arabische Emirate, Vereinigte Staaten, Vietnam, Bangladesch, Botswana, Irak, Indien, Gambia, Jemen, Libanon, Myanmar, Mauretanien, Trinidad und Tobago, Uganda.

BESTRAFUNG

22 Öffentliche Folter

Gefoltert wird nicht nur im Kerker, sondern auch in der Öffentlichkeit, meistens sogar mitten auf dem Marktplatz einer Stadt. Dort werden Verbrecher vor Publikum gedemütigt. Die Zuschauer dürfen die Verurteilten auslachen, beschimpfen und mit Steinen bewerfen. Dabei steht der Gefangene oft am Pranger, in dem der Kopf und die Arme zwischen zwei Holzbrettern fixiert sind.

Erhängt werden die Verurteilten oft am Galgen, an einer Holzkonstruktion, an der den Verbrechern eine Schlinge um den Hals gelegt wird, bevor sich darunter eine Falltür öffnet. Eine Foltermethode, bei der zugeschaut werden darf, ist auch der „Tauchstuhl". Das Opfer wird an einem Stuhl festgeschnallt, der auf einem Balken befestigt ist und daran ins Wasser getaucht wird. Auch die Schandmaske kommt oft in der Öffentlichkeit zum Einsatz. Dabei wird ein Metallgestell so um den Kopf herum befestigt, dass der Verbrecher nicht mehr sprechen kann.

Aufgabe: *Bilde Wörter: Steht dort '1 weg' bedeutet es, dass der 1. Buchstabe des angegebenen Wortes weggelassen werden soll, bei 4 → F wird der 4. Buchstabe zu einem F.*
Beispiel: Haus: 1 weg = aus, 4 → f (aus s wird f = auf)

SPRINGEN	1 weg, 4 → A, 8 → R
GAUMEN	3 → L, 4 → G
SCHWANENMUSIK	4 weg, 7 → D, 8 weg, 10 → A, 12 weg, letzter Buchstabe: E
TAUBSTUMM	4 → CH, 8 → H, 9 → L

Ritter und Burgen an Stationen – Bestell-Nr. 12 890

Lösung

22 Öffentliche Folter

<u>Aufgabe</u>:

SPRIN**GEN** → PRAN**GER**

GAU**MEN** → GAL**GEN**

SCHWA**NEN**MU**S**I**K** → SCHAND**MAS**K**E**

TAUB**STUMM** → TAUCH**STUHL**

23 Flucht(-versuche)

!

Es war für Angreifer oftmals nicht einfach, in eine Burg zu gelangen. Doch noch schwieriger war es für die Gefangenen, eine Burg wieder zu verlassen. Wer im Kerker eingesperrt war, hatte kaum eine Chance wieder herauszukommen.
Oder doch?

Aufgabe: *Einige der folgenden Fluchtversuche sind wahr, einige frei erfunden. Wenn du die wahren Geschichten herausfindest, erhältst du ein Lösungswort.*

1. Der Fluchtplan wurde mit unsichtbarer Tinte verbreitet. Daraufhin ruderten die Retter im Burggraben bis an die Burgmauern heran. Der Gefangene kletterte an einem Seil hinunter in das Boot. (K)
2. Die Retter bauten am Fuße der Mauer ein Trampolin auf, auf das die Gefangenen in die Freiheit sprangen. (E)
3. Ein Gefangener versteckte sich in einer Kiste und wurde in dieser aus der Burg herausgetragen. (R)
4. Die hohen Burgmauern wurden im Stabhochsprung bewältigt. (T)
5. Während die Burgbewohner betrunken feierten, wurde der Schlüssel, der für die Befreiung notwendig war, geklaut. (A)
6. Die Flucht gelang durch den Abwasserkanal. (S)
7. Die steilen, glatten, hohen Mauern der Burg wurden kletternd überwunden. (E)
8. Mit einem Löffel aus Eisen wurde ein Tunnel gegraben. (S)

Lösungswort: ____________________________

Ritter und Burgen an Stationen – Bestell-Nr. 12 890

Lösung

23 Flucht(-versuche)

<u>Aufgabe</u>:

Die wahren Geschichten sind: 1. = K, 3. = R, 5. = A, 6. = S, 8. = S

Lösungswort: KRASS = krass

Die folgenden Aussagen sind frei erfunden:

2. Die Retter bauten am Fuße der Mauer ein Trampolin auf, auf das die Gefangenen in die Freiheit sprangen. (E)
4. Die hohen Burgmauern wurden im Stabhochsprung bewältigt. (T)
7. Die steilen, glatten, hohen Mauern der Burg wurden kletternd überwunden. (E)

MENSCHEN

24 Die Ständepyramide

Einmal Bauer, immer Bauer! Die mittelalterliche Gesellschaft war in sogenannte Stände unterteilt. Zu welcher Gesellschaftsschicht man gehörte, konnte man sich nicht aussuchen. Man blieb lebenslang in dem Stand, in den man hineingeboren wurde. Die Ständepyramide verdeutlicht, wie viele Menschen unter den harten Lebensbedingungen litten, während es nur sehr wenigen sehr gut ging. Denn 90 % der Bevölkerung gehörten dem untersten Stand an. Dabei wurden Randgruppen (u. a. die Bettler) in der Standespyramide gar nicht berücksichtigt. Sie waren außen vor.

Aufgabe: *Ordne die folgenden Personen den richtigen Ständen in der Pyramide zu. Schneide dazu das passende Bild aus und klebe es an die richtige Stelle. Alternativ kannst du auch den Namen der Figur an die Stelle schreiben.*

- Knechte und Mägde gehörten zur untersten Schicht.
- Unterhalb des Königs befand sich der Herzog.
- Ritter, Mönche und Bürger teilten sich eine Schicht.
- Henker gehörten zum Rande der Gesellschaft und hatten in der Pyramide gar keinen Platz.
- An der Spitze der Pyramide war der König.
- Schornsteinfeger und Juden gehörten zum gleichen Stand wie die Henker.
- Ritter befanden sich in der Pyramide eine Stufe über den Bauern.
- Bauern gehörten dem gleichen Stand an wie die Knechte.
- Herzog und Bischof gehörten zur gleichen Gesellschaftsschicht.

KOHL VERLAG Ritter und Burgen an Stationen – Bestell-Nr. 12 890

Lösung

24 Die Ständepyramide

Aufgabe:

1. Stand: König
2. Stand: Herzog & Bischof
3. Stand: Bürger, Ritter, Mönch
4. Stand: Magd, Knecht, Bauern

unter der Pyramide: Henker, Bettler, Schornsteinfeger, Menschen jüdischen Glaubens

MENSCHEN

25a Jeanne d'Arc – eine Ritterin

Ritterin Jeanne d'Arc! Das klingt merkwürdig und ungewöhnlich. Denn es gab kaum weibliche Ritter. Eine Ausnahme ist die berühmte Französin Jeanne d'Arc. Sie wurde 1412 geboren und wuchs in einer Bauernfamilie auf. Im Hundertjährigen Krieg zwischen England und Frankreich zog sie getarnt in ihrer Ritterrüstung in den Kampf, verteidigte ihr Heimatland und befreite die Stadt Orléans von den Engländern. Als sie gefangengenommen wurde, entdeckten die Feinde, dass in der Ritterrüstung eine Frau steckte. Da eine Frau weder Soldat sein noch eine Ritterrüstung tragen durfte, wurde Jeanne d'Arc wegen Mordes angeklagt. 1431 wurde sie von den Engländern verbrannt. Der deutsche Dichter Friedrich Schiller widmete ihr ein Theaterstück namens „Die Jungfrau von Orléans".

Aufgabe 1: *Vervollständige den Lückentext.*

Im Hundertjährigen Krieg versuchte England, ____________________ zu erobern. Die französische Bauerntochter ____________________ konnte die Stadt ____________________ von den Engländern befreien. Sie wurde *von den Engländern gefangengenommen und ____________________.*

Aufgabe 2: *Weshalb wurde Jeanne d'Arc zum Tode verurteilt?*

MENSCHEN

25b König Arthus

Ein berühmter Ritter ist die Sagengestalt König Arthus. Die ersten Geschichten über König Arthus stammen aus dem frühen Mittelalter. König Arthus wuchs beim Zauberer Merlin auf und wurde König von Britannien. Sein Schwert Excalibur verlieh ihm übermenschliche Kräfte. Arthus soll dies als Zeichen seiner Kraft aus einem Felsen herausgezogen haben. Zu seiner Hochzeit erhielt er einen runden Tisch, den er in seinem Schloss Camelot aufstellte. Dort versammelte er zwölf besonders tapfere Ritter, die „Ritter der Tafelrunde" genannt wurden.

Aufgabe: *Richtig oder falsch? Kreuze die richtigen Sätze an.*

O Das Schloss von König Arthus heißt Lanzelot.

O Aufgrund des runden Tisch werden die Ritter die Ritter der Tafelrunde genannt.

O König Arthus war der König Germaniens.

O Der Zauberer Merlin verzauberte Arthus' Schwert.

O Sein Schwert Excalibur zog Arthus aus einem Fels.

O Arthus versammelte um sich zehn tapfere Ritter.

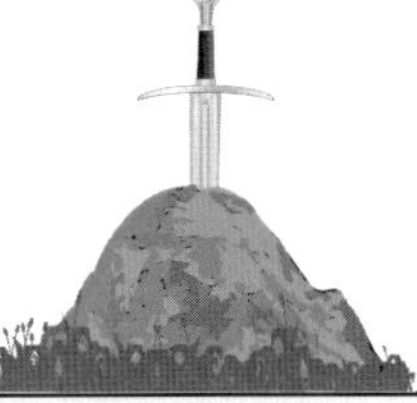

Ritter und Burgen an Stationen – Bestell-Nr. 12 890

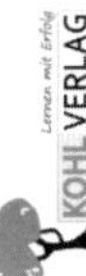

Lösung

25a Jeanne d'Arc – eine Ritterin

Aufgabe 1:

Im Hundertjährigen Krieg versuchte England, Frankreich zu erobern. Die französische Bauerntochter Jeanne d'Arc konnte die Stadt Orléans von den Engländern befreien. Sie wurde von den Engländern gefangengenommen und verbrannt.

Aufgabe 2:

Frauen durften keine Rüstungen tragen und nicht als Ritter in den Kampf ziehen. Sie wurde wegen Mordes angeklagt und starb somit, weil sie eine Ritterin war, die ihr Heimatland verteidigte.

Lösung

25b König Arthus

Aufgabe:

O Das Schloss von König Arthus heißt Lanzelot.
⊗ Aufgrund des runden Tisch werden die Ritter die Ritter der Tafelrunde genannt.
O König Arthus war der König Germaniens.
O Der Zauberer Merlin verzauberte Arthus' Schwert.
⊗ Sein Schwert Excalibur zog Arthus aus einem Fels.
O Arthus versammelte um sich zehn tapfere Ritter.

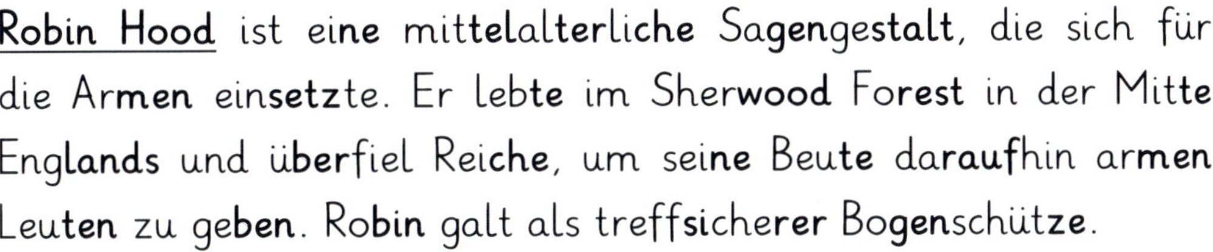

MENSCHEN — 25c Robin Hood

Robin Hood ist eine mittelalterliche Sagengestalt, die sich für die Armen einsetzte. Er lebte im Sherwood Forest in der Mitte Englands und überfiel Reiche, um seine Beute daraufhin armen Leuten zu geben. Robin galt als treffsicherer Bogenschütze.

In England regierte damals Prinz John, der das Volk unterdrückte. Als Robin Hood von einem Kreuzzug zurückkehrte, stellte er fest, dass ihm sein Hab und Gut genommen worden war. Von seinem Sinn für Gerechtigkeit angetrieben, setzte sich Robin Hood für Gleichberechtigung und Fairness ein. Er war nicht nur ein Ritter, sondern auch ein Revolutionär und Geschäftsmann.

Aufgabe: *Finde die Fehler im unteren Text. Streiche die falschen Wörter durch und ersetze sie so, dass der Text (Inhalt) wieder stimmt.*

Robin Hood lebte im Kenswood Forest in Nordirland. Er überfiel Arme, um die Beute den Reichen zu geben. Robin war ein treffsicherer Fußballer. Er war Burgherr, Arzt und Bauer. Robin Hood hatte einen ausgeprägten Sinn für Humor.

MENSCHEN — 25d Richard Löwenherz

Ein berühmter Ritter und der König von England war Richard Löwenherz. Seine Furchtlosigkeit verlieh ihm den Beinamen Löwenherz. Richard Löwenherz versuchte im dritten Kreuzzug erfolglos, Jerusalem zu erobern. Auf dem Rückweg wurde er festgenommen und auf einer Burg monatelang gefangen gehalten. Die Lösegeldforderungen waren sehr hoch.

Aufgabe 1: *Ergänze den Lückentext.*

Richard Löwenherz war König von ____________________. Er nahm am ____________ Kreuzzug teil und versuchte ____________________ zu erobern. Er wurde auf einer ________________ gefangen gehalten. Für seine Freilassung musste viel ______________________ gezahlt werden.

Aufgabe 2: *Stellt euch in Gruppen gegenseitig weitere berühmte Ritter vor, z.B. Götz von Berlichingen, Parzival, Lancelot, Siegfried der Drachentöter, William Marshal, Gottfried von Bouillon. Einigt euch zunächst darüber, wer sich über welchen Ritter in Büchern oder im Internet informiert. Jeder soll mindestens einen Ritter vorstellen.*

Ritter und Burgen an Stationen – Bestell-Nr. 12 890

Lösung

25c Robin Hood

Aufgabe:

Robin Hood lebte im Sherwood Forest in der Mitte Englands. Er überfiel Reiche, um die Beute den Armen zu geben. Robin war ein treffsicherer Bogenschütze. Er war Ritter, Revolutionär und Geschäftsmann. Robin Hood hatte einen ausgeprägten Sinn für Gerechtigkeit.

Lösung

25d Richard Löwenherz

Aufgabe 1:

Richard Löwenherz war König von England. Er nahm am dritten Kreuzzug teil und versuchte, Jerusalem zu erobern. Er wurde auf einer Burg gefangen gehalten. Für seine Freilassung musste viel Lösegeld gezahlt werden.

Aufgabe 2: individuelle Lösung

Götz von Berlichingen war rauflustig und für seine eiserne Handprothese bekannt. 1773 veröffentlichte Goethe sein Schauspiel „Götz von Berlichingen mit der eisernen Hand". Von seiner Mutter wurde Parzival im Wald versteckt. Sein Vater war als Ritter im Kampf gestorben und seine Mutter wollte verhindern, dass ihren Sohn ein ähnliches Schicksal traf. Doch Parzival schloss sich trotzdem König Arthus an. Obwohl Parzival geschickt und stark war, machte sich zunächst die fehlende ritterliche Ausbildung bemerkbar. Lancelot gilt als einer der berühmtesten Ritter der Tafelrunde. Er war der Sohn des Königs Ban von Berwick, wuchs jedoch nach dem Tod seines Vaters bei der Fee Viviane auf. Siegfried der Drachentöter besaß übermenschliche Kräfte, tötete einen Drachen und badete in dessen Blut. William Marshal war für seine erfolgreichen Turnierkämpfe berühmt. Er wurde auch Guillaume le Maréchal genannt. Gottfried von Bouillon war ein Kreuzritter, der Jerusalem eroberte und dort zum König ernannt wurde.

26 Der christliche Glaube im Mittelalter

Im Mittelalter waren die Menschen sehr gläubig. Mönche zogen durch das Land, um möglichst viele Menschen vom Christentum zu überzeugen. Es wurden Kirchen und prächtige Kathedralen gebaut. An den großen Gebäuden, die die Anwesenheit Gottes vermitteln sollten, wurde oft 100 Jahre und länger gebaut. Man handelte nach den 10 Geboten und ging am Sonntag in die Messe. Auch der Glaube an Himmel und Hölle war verbreitet. Um sich von seinen Sünden zu befreien, boten die Priester an, viel Geld an die Kirche zu zahlen. Dies nannte man Ablasshandel. Auch Pilgerfahrten fanden bereits statt und es gab Klöster, in denen gebetet und gearbeitet wurde. Manche Kinder wurden im Alter von sieben Jahren ins Kloster geschickt. Denn dort wurden sie versorgt und lernten lesen, schreiben, singen, handwerken und Latein. In den Klöstern gab es auch in Krankensälen eine medizinische Versorgung. In den Klostergärten wurden Heilkräuter angebaut, die in der „apotheca" zu Salben und anderen Medikamenten gemischt wurden.

Aufgabe: *Der christliche Glaube spielte eine bedeutende Rolle im Mittelalter. Vergleiche mit unserem heutigen Alltag. Was ist heute anders?*

Lösung

26 Der christliche Glaube im Mittelalter

<u>Aufgabe</u>: Zum Bau von Kirchen stehen uns heute ganz andere – weiterentwickeltere – Methoden und Maschinen zur Verfügung. Man wird heutzutage normalerweise nicht zum Glauben gedrängt und den Ablasshandel gibt es nicht mehr. Die christliche Kirche spaltete sich kurz nach dem Mittelalter in die katholische und die evangelische Kirche auf. Martin Luthers kritische Thesen, die u. a. den Ablasshandel kritisierten, waren dabei ausschlaggebend. Kinder gehen heutzutage mit sieben Jahren normalerweise in die Schule und nicht ins Kloster. Kranke werden in Krankenhäusern behandelt und die medizinischen Möglichkeiten sind weit fortgeschritten. Die Angst vor der Hölle ist nicht mehr so stark verbreitet. Pilgerreisen und regelmäßige Gottesdienstbesuche gibt es (zum Teil) immer noch.

27 Kreuzzüge

Kreuzritter zogen von 1096 bis 1270 immer wieder von Europa aus los, um muslimische Staaten zu erobern, und diese von ihrem **christlichen Glauben** zu überzeugen. Dabei benutzen sie sowohl den Land- als auch den Wasserweg. Während des Mittelalters hatte nicht nur das **Christentum** eine große Bedeutung, sondern auch der **Islam** breitete sich stark aus. Bei den Kreuzzügen versuchten christliche Ritter vom Islam eroberte Gebiete zurückzugewinnen und vor allem Jerusalem zu erobern. **Jerusalem** galt bereits während des Mittelalters als **heilige** und umkämpfte **Stadt**. Die Christen wollten die **Muslime** und **Juden** vertreiben oder **zum christlichen Glauben bekehren**. Insgesamt fanden **sieben Kreuzzüge** statt, von denen nur der erste für die Europäer erfolgreich war.

Aufgabe:

Zeichne die sieben Kreuzzüge in die Karte ein. Die unteren Angaben zu den Routen helfen dir. Du darfst einen Atlas und das Internet zur Hilfe benutzen.

1. Kreuzzug: über Land: Köln – Konstantinopel/Istanbul – Jerusalem

2. Kreuzzug: über Land: Paris – Konstantinopel/Istanbul – (übers Mittelmeer): Jerusalem

3. Kreuzzug: über das Meer: London – Aigues-Mortes – Marseille – Süditalien – Jerusalem

4. Kreuzzug: über das Mittelmeer: Venedig – Konstantinopel/Istanbul

5. Kreuzzug: über das Mittelmeer: Süditalien – Kreta – Jerusalem

6. Kreuzzug: über das Mittelmeer: Marseille – Tunis – Jerusalem

7. Kreuzzug: über das Mittelmeer: Marseille – Sardinien – Tunis

Lösung

27 Kreuzzüge

Aufgabe:

1. Kreuzzug: über Land: Köln – Konstantinopel/Istanbul – Jerusalem

2. Kreuzzug: über Land: Paris – Konstantinopel/Istanbul – (übers Mittelmeer): Jerusalem

3. Kreuzzug: über das Meer: London – Aigues-Mortes – Marseille – Süditalien – Jerusalem

4. Kreuzzug: über das Mittelmeer: Venedig – Konstantinopel/Istanbul

5. Kreuzzug: über das Mittelmeer: Süditalien – Kreta – Jerusalem

6. Kreuzzug: über das Mittelmeer: Marseille – Tunis – Jerusalem

7. Kreuzzug: über das Mittelmeer: Marseille – Sardinien – Tunis

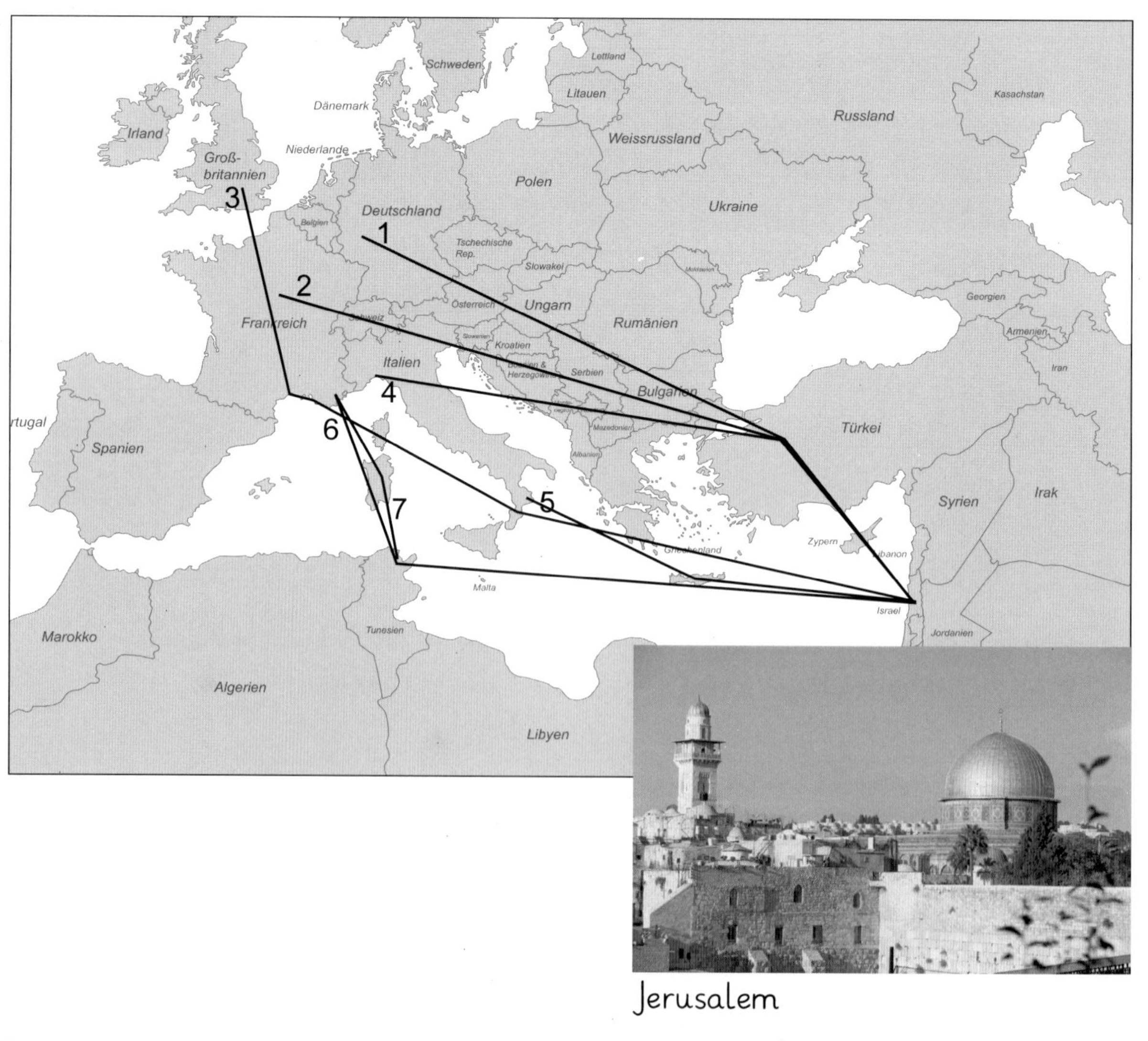

Jerusalem

28 Wahr oder gelogen?

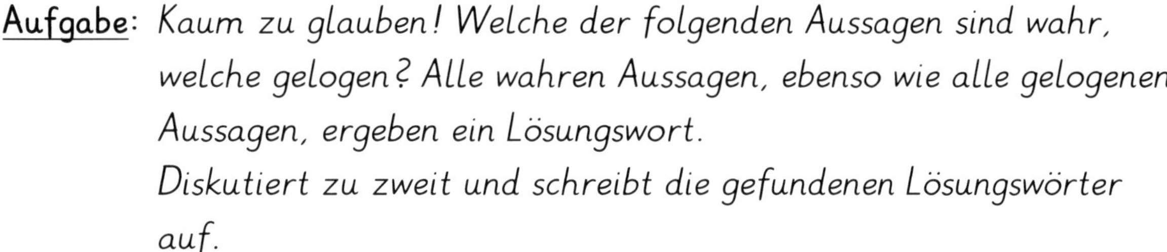

<u>Aufgabe</u>: *Kaum zu glauben! Welche der folgenden Aussagen sind wahr, welche gelogen? Alle wahren Aussagen, ebenso wie alle gelogenen Aussagen, ergeben ein Lösungswort.*
Diskutiert zu zweit und schreibt die gefundenen Lösungswörter auf.

1. Teppiche wurden auf die Tische gelegt oder an die Wände gehängt. (R)
2. Im Mittelalter mangelte es an sauberem Wasser. Statt Wasser wurde deshalb oftmals Bier oder Wein getrunken. (I)
3. Neuschwanstein ist eines der schönsten mittelalterlichen Schlösser. (F)
4. Auch im Winter war es üblich, nackt zu schlafen. (C)
5. Die Eroberung einer Burg gelang durch das Eindringen durch die Toilettenschächte. (H)
6. Ritter schliefen regelmäßig in ihren Rüstungen. (A)
7. Viele Burgen konnten auch über Geheimgänge betreten und verlassen werden. (T)
8. Mit einer Art Paraglider wurde eine Burg aus der Luft eingenommen. (L)
9. Die Hitze des Kaminfeuers wurde so umgeleitet, dass sie auch als Fußbodenheizung diente. (S)
10. Zur Weingewinnung wurden die Trauben mit bloßen Füßen zertreten. (I)
11. Man aß im Mittelalter mit Messer und Gabel. (C)
12. Schlanke Beine galten im Mittelalter bei Männern als sehr sexy. Deshalb trugen sie oft enge Stiefel und Strumpfhosen. (G)
13. Im Mittelalter gab es schon Klaviere und Saxophone. (H)

Wahre Aussagen:

____
Lösung

Falsche Aussagen:

____
Lösung

KOHL VERLAG
Ritter und Burgen an Stationen – Bestell-Nr. 12 890

Lösung

28 Wahr oder gelogen?

Aufgabe:

Wahre Aussagen:

1. Teppiche wurden auf die Tische gelegt oder an die Wände gehängt. (R)
2. Im Mittelalter mangelte es an sauberem Wasser. Statt Wasser wurde deshalb oftmals Bier oder Wein getrunken. (I)
4. Auch im Winter war es üblich, nackt zu schlafen. (C)
5. Die Eroberung einer Burg gelang durch das Eindringen durch die Toilettenschächte. (H)
7. Viele Burgen konnten auch über Geheimgänge betreten und verlassen werden. (T)
10. Zur Weingewinnung wurden die Trauben mit bloßen Füßen zertreten. (I)
12. Schlanke Beine galten im Mittelalter bei Männern als sehr sexy. Deshalb trugen sie oft enge Stiefel und Strumpfhosen. (G)

Gelogene Aussagen:

3. Neuschwanstein ist eines der schönsten mittelalterlichen Schlösser. (F)
6. Ritter schliefen regelmäßig in ihren Rüstungen. (A)
8. Mit einer Art Paraglider wurde eine Burg aus der Luft eingenommen. (L)
9. Die Hitze des Kaminfeuers wurde so umgeleitet, dass sie auch als Fußbodenheizung diente. (S)
11. Man aß im Mittelalter mit Messer und Gabel. (C)
13. Im Mittelalter gab es schon Klaviere und Saxophone. (H)

29 Lernzielkontrolle

Aufgabe 1: *Welche Burgtypen kennst du? Schreibe mindestens vier auf.*

Aufgabe 2: *Welche der folgenden Dinge gab es damals im Mittelalter auf einer Burg nicht? Streiche sie durch.*

Mauer – Palas – Wehrgänge – Bergfried – Zinnen – Fußbodenheizung – offene Feuerstelle – Telefon – Schießscharten – Parkplätze – Burggarten – Geschäfte – Werkstätten – Burgtor – Vorburg – eigene Betten – Brunnen – Pistolen – Fensterscheiben – WC – Kemenate – Fernseher – Kerker – Lichtschalter – Stall – Kamera – Armbrust – Kanonen – Arztpraxis

Aufgabe 3: *Wie heißen die drei Kampfformen eines Ritterturniers? Bringe die Buchstaben in die richtige Reihenfolge, um die gesuchten Begriffe zu finden. Schreibe sie dann auf.*

STOJT – NIERTU – THURUB

Aufgabe 4: *Wie unterscheiden sich maurische und christliche Burgen? Beschrifte die beiden Bilder folgendermaßen: maurisch oder christlich? Schreibe dann die typischen Merkmale auf.*

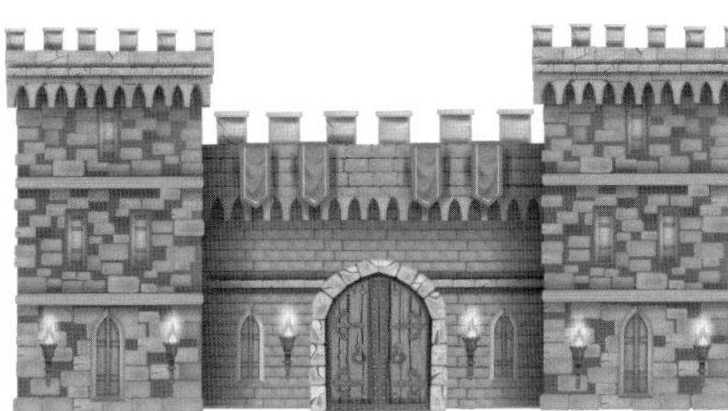

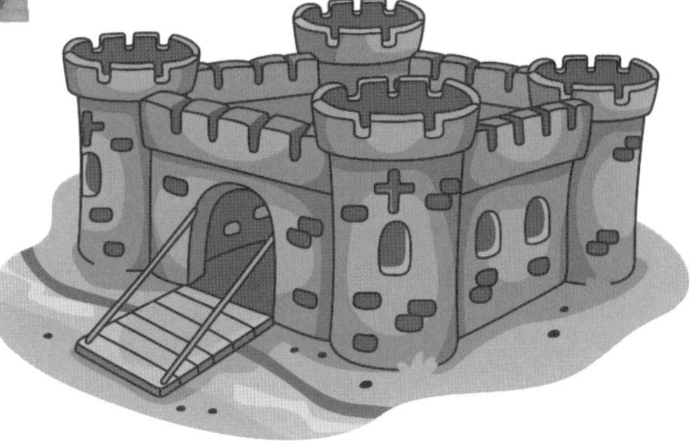

KOHL VERLAG Ritter und Burgen an Stationen – Bestell-Nr. 12 890

Lösung

29 Lernzielkontrolle

Aufgabe 1:

sternförmige Festung, konzentrische Burg, Wasserburg, Höhenburg, Stadtburg, Pfalzen und Reichsburgen, Märchenschloss

Aufgabe 2:

Mauer – Palas – Wehrgänge – Bergfried – Zinnen – ~~Fußbodenheizung~~ – offene Feuerstelle – ~~Telefon~~ – Schießscharten – ~~Parkplätze~~ – Burggarten – ~~Geschäfte~~ – Werkstätten – Burgtor – Vorburg – ~~eigene Betten~~ – Brunnen – ~~Pistolen~~ – ~~Fensterscheiben~~ – ~~WC~~ – Kemenate – ~~Fernseher~~ – Kerker – ~~Lichtschalter~~ – Stall – ~~Kamera~~ – Armbrust – ~~Kanonen~~ – ~~Arztpraxis~~

Aufgabe 3:

TJOST – TURNEI – BUHURT

Aufgabe 4:

Die Christen bauten runde Türme, während die Türme der Mauren viereckig waren.

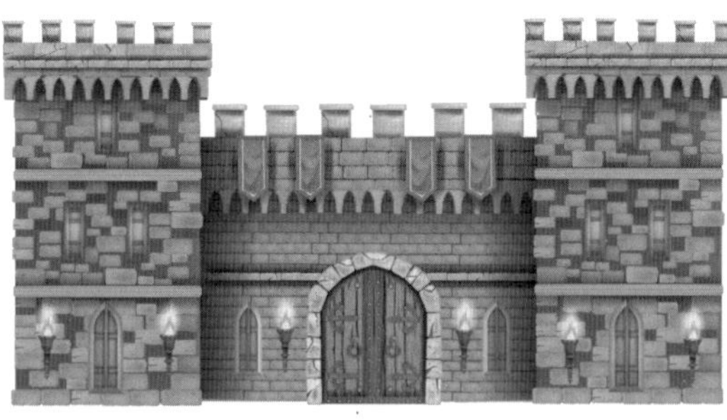

Maurisch

Christlich

Aufgabe 5: *Unterscheide Rittertugenden und Geräte/Waffen zum Angriff einer Burg. Unterstreiche die Tugenden und streiche die Geräte und Waffen zum Angriff durch.*

RAMMBOCK – STAETE – BELAGERUNGSTURM – TRIUWE – MINNE – BLIDE – KATAPULT – HOHER MUT – MAZE – STEINSCHLEUDER

Aufgabe 6: *Finde und markiere in der Wortschlange Berufe, die damals zum Burgenbau gebraucht wurden.*

ASCHMIEDULLZIMMERMANNENIMCKORBMACHERENNESSEILERVERLEGERO
STEINMETZINNENMAURERZIEHERZIMZIEGLERUMLELOGOPÄDENIS

Zusatzaufgabe 7: *Welche Redewendungen kommen aus dem Mittelalter? Kreuze an.*

- ☐ Ich bin ins Fettnäpfchen getreten.
- ☐ Er ist auf 180!
- ☐ Sie steht auf der Leitung.
- ☐ Geh' dahin, wo der Pfeffer wächst!
- ☐ Sie ist schon unter der Haube.
- ☐ 08/15 (nullachtfünfzehn)

KOHL VERLAG Ritter und Burgen an Stationen – Bestell-Nr. 12 890

Lösung

29 Lernzielkontrolle

Aufgabe 5:

~~RAMMBOCK~~ – STAETE – ~~BELAGERUNGSTURM~~ – TRIUWE – MINNE – ~~BLIDE~~ – ~~KATAPULT~~ – HOHER MUT – MAZE – ~~STEINSCHLEUDER~~

Geräte und Waffen: Rammbock – Belagerungstürme – Blide – Katapult – Steinschleuder

Tugenden: Staete = Zuverlässigkeit, Triuwe = Treue, Minne = reine Liebe, Hoher Mut = Begeisterung, gute Laune und Gelassenheit im Kampf, Mâze = Bescheidenheit.

Aufgabe 6: *Finde und markiere in der Wortschlange Berufe, die damals zum Burgenbau gebraucht wurden.*

A**SCHMIED**ULL**ZIMMERMANN**ENIMC**KORBMACHER**ENNES**SEILER**VERLEGERO
STEINMETZINNEN**MAURER**ZIEHERZIM**ZIEGLER**UMLELOGOPÄDENIS

Achtung: Verleger, Erzieher und Logopäden gab es damals noch nicht bzw. wurden für den Burgenbau nicht gebraucht.

Zusatzaufgabe 7:

- [x] Ich bin ins Fettnäpfchen getreten.
- [ ] Er ist auf 180!
- [ ] Sie steht auf der Leitung.
- [x] Geh' dahin, wo der Pfeffer wächst!
- [x] Sie ist schon unter der Haube.
- [ ] 08/15 (nullachtfünfzehn)